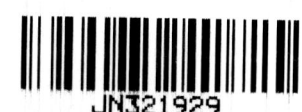

寄せ植え
ギャザリング

テ　ク　ニ　ッ　ク　B　O　O　K

新しいプランツアレンジメント

青木英郎　監修

はじめに

お花がいっぱいのまん丸なウォールバスケット。やわらかな空気をたっぷり含んだふんわり優しい雰囲気のフラワーポット。かたちも自由自在で、完成した時からきれい。そんなフラワーアレンジのような寄せ植えをつくりたい。自分で苗を育て、ひとり何年も試行錯誤を繰り返し、気がつけば独自の園芸手法を見つけることができました。その手法をひとことで表すなら、「花束を植えるプランツ・アレンジメント」です。花苗やグリーンを根ほどきして手の中で丁寧に組み合わせ、できた「小さな花束」を器に植え込んで完成させます。文字で書くととても簡単ですが、実際にやってみると、難しい？いいえ。ほんとうに誰でもきれいな作品をつくることができます。私はこの技術、手法を「あおき式ギャザリング（寄せ植え）」と名づけました。ちょうど2000年になった頃のことでした。

この本のテーマは根付きの花苗を使った新しい園芸装飾技術「ギャザリング」の、主に「技術」を紹介するということにあります。前半はこの「技術」を５つのタイプに分けて解説しました。後半はこの５つのタイプを応用した作例をたくさん載せています。すべて弟子たち、仲間が思い思いにつくった個性的なフリー作品です。ギャザリングは「小さな花束」を基本ユニットにしたシステムになっています。基本ができるようになれば、誰でもきれいな作品を自分の好きなようにつくれるようになります。一番のポイントは、強くてきれいな苗を使って何度もつくってみること。きれいな植物にたくさん触れて制作する楽しさや完成されたアレンジを玄関やテラスに置いて眺める楽しさ、それに日々世話をしながら生長するようすを見る楽しさ、こんな楽しさ３倍のギャザリング体験をぜひ多くの人に味わってもらいたいと願っています。

ガーデニング工房あおき　青木英郎

Contents

「ギャザリング」とはなにか

根付きの植物を使ったフラワーアレンジメントのような、きれいな寄せ植え。
つくった瞬間から美しく人を魅了し、時間の経過とともにあらたな表情を魅せる
今までにない園芸の技術。個々の作家による緻密で自由自在な表現を可能にする。

ギャザリングは植物でつくるアート、
支えているのは考えぬかれた新しい園芸技術

複数の花やグリーンの苗をいったん分解し、あらたに組み合わせて「小さな花束」のような新しい花苗をつくり、それをひとつのユニットとして容器や構造体に植え込んでいくという園芸装飾技術。プランツ・アレンジメント(根つきの植物を用いたフラワーアレンジメント)として見ることもできる。「小さな花束」単体で用いる場合は、根つきの花束「ルーティブーケ」と呼んでいる。

あおき式は、「○○スタイル」「○○流」といった表現のあり方ではなく、とても普遍的で基礎的な園芸の技術、技法、手法だと考えている。過去に見られた装飾スタイルはもちろん、切り花のフラワーアレンジメントのような緻密な表現も実現できる。そのため、さまざまな植物の苗を(一種類の場合もある)、ひとつのコンテナに植え育てる一般的な「寄せ植え」ではなく、なにか新しい名前をつけようと考えて、「あおき式ギャザリング」と名付けた。たとえば、英語表現では寄せ植えを表す言葉にこれというものを見つけることが難しい。家屋や庭のスペースが広い欧米では、シンプルに、コンテナガーデニング container gardening で済んでしまう。あるいは、グループ・プランティング group planting といったこれといって特徴のない言葉があるくらいではないだろうか。寄せ植えには無限の組み合わせとスタイリングが可能だが、これといって取り上げる特別な植え込みの技術は必要とされてこなかったのかもしれない。植生を考えた組み合わせで植物を選び、根鉢を崩さず生長できるスペースを取ってそっと植える。この技法になんら異論はない。しかし、そのような方法でできる表現に満足できない人たちもいるだろう。「寄せ植え」のその先にある可能性はどうなっているのだろう。こうした問いに対してギャザリングはひとつの答えになっていくと信じている。

「ギャザリング」には、英語でパーティのような集会とか目的を持った人の集まり、集合、農作物などの収穫、といった意味がある。ある種の俗語的な使用法のためか、日本ではあまり使われていない言葉だが、英国に滞在していたときに園芸仲間が使っていたこの言葉の響きが好きで「あおき式」の寄せ植えについてギャザリングと呼ぶことにした。おもしろいのは、マジックのひとつにギャザリングというジャンルがあるという。私たちのギャザリングもまた小さな花苗に魔法をかけ、見る人の心をとらえるようなつくり手が増えていくことを願っている。

基本単位
基本ユニット
リース
ギャザリング
フラワーポット
ギャザリング
ウォールバスケット
ギャザリング
多肉植物
ギャザリング
ルーティ
ブーケ

ギャザリングを知る

ギャザリングとは表面に魅力的なパターン(意匠)があり、
内部には美しい構造と空間を持つ森のような寄せ植え。

ギャザリングの基本構造

根鉢を崩した植物は互いに根を寄せ合うことで立つことができる。これが「小さな花束」だ。それぞれをつなぎあわせているミズゴケは、花束の結束と保水の役割を果たしている。束ねることで小さな根鉢と上部のふんわりとした「開度」(空間)が両立できた。これによって植物による緻密な表現と内部空間の確保ができている。

基本構造の簡略図

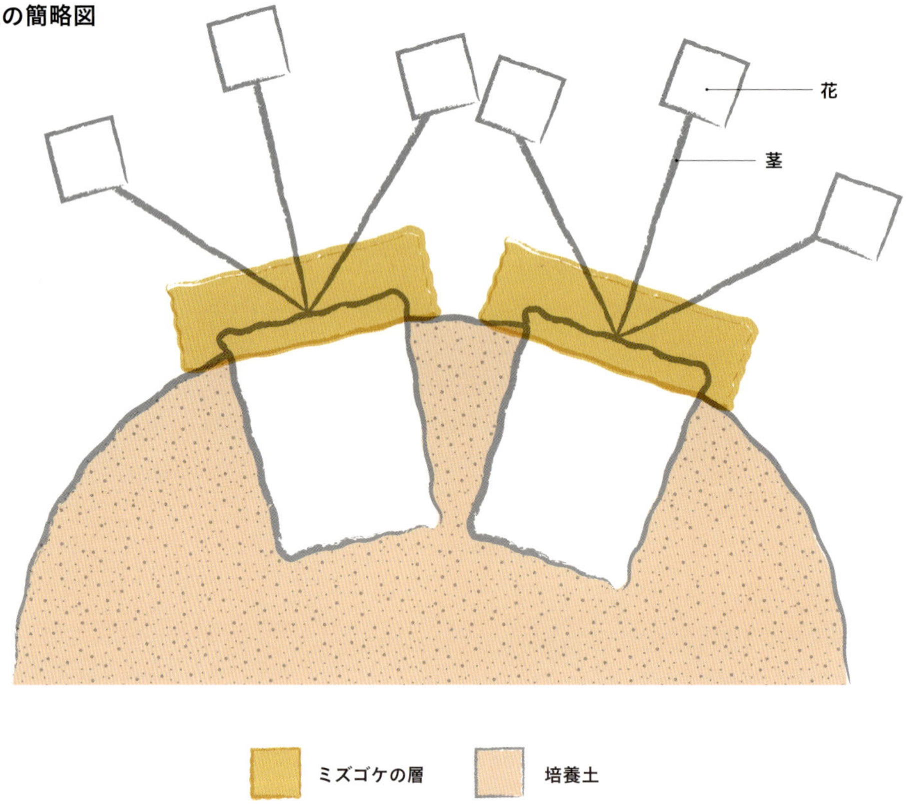

ギャザリングの構造

内部はミズゴケに覆われた空間がある。根鉢を崩した植物は花束になって互いを支えていて、ぎゅうぎゅうに押し詰めているのではない。

マウント植えの構造

「花束」の根鉢がレンガの役割を、ミズゴケがセメントの役割を果たし、崩れにくい構造になっている。ミズゴケは保水にも役立つ。水やりの目安もミズゴケに触れると分かりやすい。サキュレント・ギャザリングも同じ構造でできている。秋から冬にかけて多く出回る花苗は背が低いものが多くなる。これらを用いてボリュームよく見せるために考え出されたオリジナルな寄せ植え技法。ラウンド型のフラワーアレンジのように見える。

マウントの美しいドーム構造　植物の根鉢だけでつくられる美しいドーム。

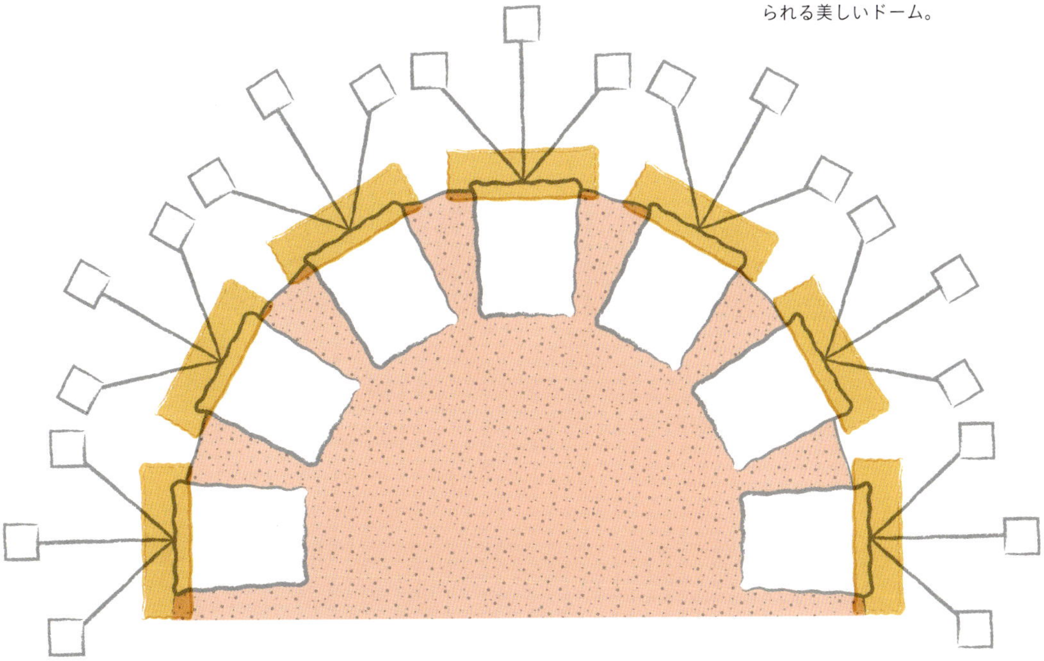

Chapter 1

ギャザリングの構成と基本ユニット

ギャザリングの価値と可能性。その構成単位「小さな花束」

ギャザリングの価値と可能性

ギャザリングではどんなことができるのか？

価値ある「きれい」を目指す

「スタイル」ではなく、これからの基礎技術

あおき式の園芸手法はフロントヤードやファサード（玄関・エントランス・前庭）にいつも飾られるきれいな作品を目指している。美しく完成されたフラワーアレンジのような作品は、つくった瞬間から美しく、時間の経過とともに新たな表情で魅せていく。大型のコンテナへのギャザリングやウォールバスケットは、ホテルや公共施設のエントランスなど公共の場所、商業空間や壁面で魅せる。あるいは、街のケーキ屋さん、カフェ、レストランの入り口に置かれ、優しい表情でお客様をお迎えするウェルカムフラワーになる。また、展示会、音楽会、発表会などのイベントにも文字通り花を添える。

意外なところでは、結婚式の装飾がある。会場装花から新郎新婦のブーケ・ブートニア、ゲストテーブル、両親への贈呈用の花束などをすべて根付きの植物でつくる。両親贈呈用の「生きていくブーケ」は新郎新婦が生まれた時の体重に合わせて作り、両親へ手渡すなど感動的な仕掛けも可能。ゲストテーブルの花はお持ち帰り用に小さなルーティブーケを組みあわせたものにすると、とても好評だ。

もちろんお花屋さんや園芸店などプロにとってもギャザリングの技術は大きな価値がある。商品としての販売のほか、苗を売るための見本鉢の制作、展示会への出展、定期的なレッスンも一つ先を求める熱心なお客様を満足させることだろう。

ギャザリングは、単に植物を用いた表現のスタイルではなく、「技術」であることを覚えておいてほしい。植物の持っている力に注目する「ボタニカル」志向、自然との共生や多様性を重視する世界の潮流にあって、園芸装飾におけるこれからの本流となる基礎技術がここにある。プロにとっては、花苗代と資材代の合計で商品を販売するのではなく、「きれい」に対して価格を付けられるようになる。つまりデザインに対して価格を付けられるようになるということなのだ。

ギャザリングの世界は、今も変化し、進化し続けている。この2年でも「ギャザリング水苔」（アクリル繊維）の利用法が進化し、植え方にも影響を与えている。培養土としてフジック社の「ベラボン」を利用し始めたのも大きい。その清潔さや軽さは魅力であり、植物の生長にもとてもよい効果をもたらした。多肉植物アレンジの幅はいっそう活気と広がりを持ち、ケト土を利用した緑の苔との新たなる組み合わせ「築山御苔」など実験的な取り組みも続けている。器メーカーとオリジナルの器を製作したり、ギャザリングの新たな骨組みとなる「構造体」（フレーム）の開発も始まったばかりだ。

こうした技術の変化や進化は新しい植物との出会いや新しい資材、器との出会いがきっかけになっている。つまり、ギャザリングを取り巻く人々の輪がそれを加速させているということだ。この10年ほどでギャザリングを学んだ人たちは全国に広がり、すでに8,000人を超えている。互いにつながり、情報をやりとりしている。新しい試みやストレステスト（実験的な試みに対する植物の影響調査）のデータも共有している。あおき式では生徒をお客様扱いしないために入門制度を取っている。一年間、毎月一回の実習に参加することを約束してもらうほかに、自分の利益だけでなく園芸の発展に力を尽くすことをお願いしている。なぜなら、私たち作品の作り手はアーティストとして画家にとっての絵の具となる植物があるからこそ活動できていることを忘れないでほしいからだ。とくに「きれいで強い花苗」がなければ、ギャザリングの表現は不可能であるということは何度強調してもいい。よい生産者がいて、よい花があるから私たちは作品がつくれる。工房として使っている80坪の庭はいつもきれいに見てもらえるよう、こまめに花を植え換え、日々手をかけている。小さな庭でもギャザリングの手法で花いっぱいを心がける。まず、花で生きている私たち自身がたくさんの花苗を買い、使う人でありたい。そして、モノではなく「きれい」を売れるプロでありたい。

総合的な用途

フロントヤードやファサード（玄関・エントランス・前庭）に
いつも飾られるきれいな作品を

ホテルや公共施設のエントランスなど公共の場所、
商業空間や壁面で魅せる

街のケーキ屋さん、カフェ、レストランの入り口において、
優しい表情で人々の足を止めさせ、お迎えするウェルカムフラワーに

展示会、音楽会、発表会などのイベントにも花を添える

結婚式の装飾。会場装花から新郎新婦のブーケ・ブートニア、
ゲストテーブル、両親への贈呈用の花束

プロ向けの用途

商品としての販売（レンタル含む）

苗を売るための見本鉢

展示会への出展

定期的なレッスン

ギャザリングを楽しくする

道具と資材

ぜひ揃えたいきれいなギャザリング制作のための必須アイテム＆便利なグッズ

乾燥ミズゴケ

できればAAAAクラスの繊維が長く、品質のよいものを使う。なければAAAクラスのもの。繊維が短いものは巻くことができない。

真っ白なバケツ2個

ひとつはミズゴケを水に浸けておくため。もうひとつは常に手をきれいにするために使う。(写真はニトリ社のバケツ)

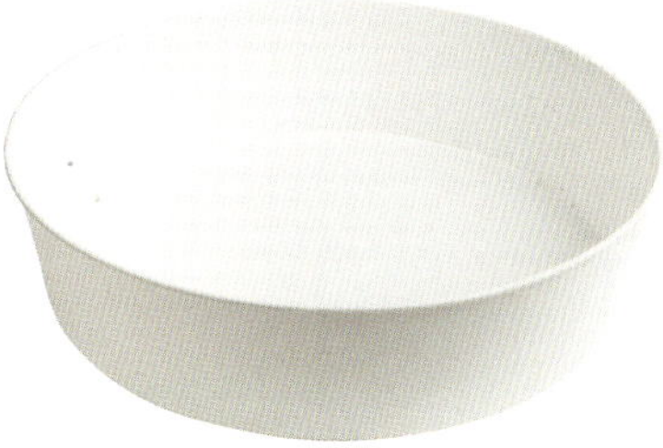

大型のトレイ

23号(直径約70センチ)の深型鉢皿を使っている。根鉢を崩す際に出る土などを入れる。深さがあるのが便利。リースに水を吸わせるときにも使える。

回転台

盆栽や陶芸で使われるような回転台。重たい鉢を簡単に回せるので、なくてはならない道具のひとつ。あおき式では特別にメーカーに注文して作ってもらっている。

はさみ

根鉢を切るとき、細かく枝を取るときなどに使う。清潔を保つこと。

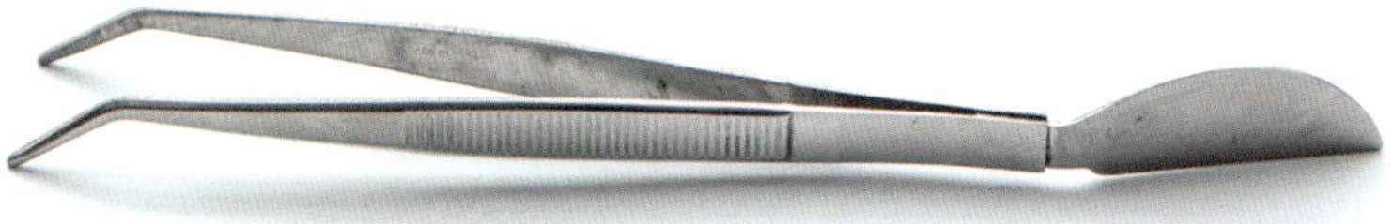

ヘラつきピンセット

ピンセットの反対側がヘラになっている。よく盆栽で使われている道具。細かい作業が必要な多肉植物ギャザリングで活躍する。ヘラは多肉植物の仕上げで土を押さえ平らにするのにとても便利。

培養土

培養土については、別項（P60～）を参照。ギャザリングでは根鉢を崩すので思いのほか土がたくさん出る。自分で処分できる場合は問題ないが廃棄する場合は事前にどのように処分するかを計画しておく必要がある。プロは普段でも土の廃棄があるのでルートがある場合が多いが、レッスンなどで出るたくさんの土の処分はレッスン料に土の処分費用を含めて考えること。家庭園芸の場合は各自治体の定める方法で処分する。（写真は「ベラボン・プレミアム」）

ケト土

ヨシやマコモのような水辺の植物が腐食して長い時間をかけて粘土のようになった真っ黒な園芸用土。築山御苔の基材。自由に形をつけられ、乾くととても固くなる。

〔 植物活力剤 〕

植物の発根を促すような養分が含まれたものをミズゴケに含ませて使うなどする。バケツの水に添加する。

〔 ギャザリング水苔 〕

100% アクリル素材でできた腐らない繊維。毛羽で巻き付き、水分を含む。手でも簡単に切れる。ルーティブーケや多肉ギャザリングでよく使う。一般的に、和紙でできているものを「アート水苔」と呼ぶことがあるが、ギャザリングではこの繊維でできたものを推奨している。別項ギャザリング水苔（P66）を参照。

〔 ワイヤー 〕

生花のフラワーアレンジなどで使われるワイヤー。一本ずつのまっすぐなものや糸巻きのように巻いてあるものがある。伸びたツルや枝を留めつけるような場合に使う。

ギャザリングの可能性を広げる

大事な器たち

〔 リース 〕

市販のワイヤーでつくられた資材を使う。根鉢がしっかりと収まるサイズのものを選んだほうが作業もしやすく植物の生育にもいいようだ。再利用する場合は、麻布素材などのシートを底に取りつけて培養土を入れる。壁にかけて使うものは壁にかけるか、専用の架台に架けて楽しもう。

〔 ウォールバスケット 〕

壁に架ける寄せ植え専用の器。壁に架けるのだから「ウォールバスケット」と呼ぶ。今まで20年以上にわたって5,000個以上のウォールバスケットをつくってきたなかで、「綱木紋」のイシダ工房に細かく要望を出しながら、高さの違う５つのスリットが入ったモデルをつくってもらい、現在は、ほぼこれを専門に使っている。非常に使いやすく、軽くて壊れにくい。スリットの幅はギャザリングするのにちょうどいい大きさになっていてスポンジシートなどは使わない。

ギャザリングは、基本ユニットである「小さな花束」を用いて、さまざまな作品ができる。基本的な器から、より実験的な「フレーム（骨組み）」のような構造体を用いることで、垂直・水平へとさまざまな表現に発展可能だ。コンストラクチュア(構造的)なデザインへの取組みは、まだ始まったばかりだ。

ギャザリングで使う器には、壁にかけるタイプと地面に置くタイプがある。空中に下げるタイプの器は、植物の管理の難しさや設置場所その他の利用範囲が限られるためほとんど使っていない。また、インドアでの楽しみ方も提案しているため、器もその場所に合わせていろいろなものが利用できる。

フラワーポット

大小さまざまなものがあるが、質がよくて長く使えるものをすすめている。ギャザリングは、庭やエントランスに置く「芸術作品」なので、シンセティック（人造石）の浮き彫り装飾の入った器などを場所によって効果的に利用するとよい。ギャザリングはつくり手の作風や置き場所で器を選びそれに合った素材でどのような雰囲気のものもつくれる。器のつくり手と交流しながらいままで見たことのないような作品に挑戦していってほしい。

多肉植物・ルーティブーケの居場所

室内でも園芸を楽しむために考えてきたことがかたちになってきた。ガラスなど室内空間に合った器を日用品の中から探してみよう。また、穴のない花器やブーケホルダーなど生花で使う道具もよいものが多いから応用してみたい。根付きであるからと安心せずに、切り花と同じように毎日見て触れてほしい。

フレーム（構造体）

基本ユニット
「小さな花束」の
つくりかた

世界にひとつの新しい花を手の中で創る。ギャザリングの核心部分

「小さな花束」とは
世界で一つの全く新しい花を創ること

ギャザリングの最大の特長は、この「小さな花束」を発見したことにある。寄せ植えをつくるために根鉢を崩した花苗は自分のからだを支えることができない。この弱さを他の植物と支え合わせることで解決した。同時にこの「花束」を組み合わせてシステマティックに植え込むこと、あるいは花束単体で展開することで世界が広がることがわかってきた。下準備に時間がかかるが植え込み始めればとても早くきれいに作業が進められる。

この「小さな花束」はもっとも一般的な 9cm ポットの花苗や葉ものを根ほどきして組み合わせてつくる。このときに意識して欲しいのは、単に根鉢を小さくして束ねるということではなく、世界で今ここにしかない「全く新しい花を創造する」気持ちを持つということだ。園芸植物は何百年もの時間と無数の人の手を通して今ここにある。そのすばらしい花や葉を手の中で多様な魅力を持つ新花として創り出す。きれいな花や葉を組み合わせてもっときれいなものをつくりたい。

まず、植え込む器や場所の大きさを見定めて素材の数や「花束」全体のボリュームを決めていく。組み合わせるそれぞれの植物の根元を支点として、手の中で開き加減や高さを丁寧に調整できるのがこのテクニックの大きな利点だ。ギャザリングは緻密な表現を持ち味としているが、ぎゅうぎゅうに植えるのとは全く違う。経験を重ね上達してくれば､ふんわりとした空気を含んだような表現ができるはずだ。手早くつくりあげることはとても大切だが、最初は納得いくまで組み直してみよう。

古くて新しい素材
「ミズゴケ」の多彩な機能

「小さな花束」ユニットをふんわりと作るには、根鉢を小さくする必要がある。手で土を落とし、固く根づまりの状態になった部分を取り除く。主に「肩」の部分を取り、中心部分は取らない。また、必要もなく根を洗ったりしない。ギャザリングでは、ミズゴケを多用している。「小さな花束」をつくる際も、一つ一つのパーツに対して根元をミズゴケで巻き、それらを束ねた時にも根元をカバーするよう

に巻いている。ミズゴケは、無防備な根元の保水をすると同時に、植え込んだ後の用土の沈み込みや株の浮き上がりから植物の根を守ってくれる。植物の根元をくっつける接着剤の役割も果たしている。繊維の長い品質の良いミズゴケを使うことが大切だ。

つくり手を知り、
強くて花つきのいい苗を選ぶ。
植物の力を信じる

ギャザリングは根鉢を小さくすることからすべてが始まる。植物にとっては少なからぬダメージがあると思う。この手法を始めたころは、たくさんの失敗をしながら、ひとつひとつ植物についての理解を深めていった。根鉢を崩すとすぐにダメになってしまう苗もあったが、なぜか、なんともないものもあった。自分が商品として扱うものについては、お客さまには失敗をさせてはならないと考えているので、初めて使うものは必ず「ストレステスト」をおこない、植え込んだあとの様子をチェックしてきた。このようにして、苗の植え込み材料や生産者の育て方、生産に対する考え方を深く知るようになった。その結果、気がつくと信頼の置ける生産者のものばかり仕入れて使うようになっていた。失敗はほとんどしなくなった。

ギャザリングで失敗しないための一番のポイントは、自分で「ストレステスト」をすること、そして、よい生産者が育てた強くて鮮度のいい苗を使うことだ。よい生産者が一ポットずつに手をかけて育てている苗はストレスに強い。

「小さな花束」をつくろう

用意するもの

ギャザリング制作セット【トレイ（23号深型鉢皿）、バケツ２個】、AAAAランク（繊維の長い最高級品）のミズゴケ、ギャザリング水苔
※ミズゴケは水につけてしっかりと水分を含ませておく

１、きれいな強い花苗を選ぶ

器に対してどのくらい苗を使うか見当をつけて集める。通常の一般的な植え方の約３倍以上の量になる。よい苗とは、きれいで強い苗。根づまりしているものや店頭で長く置かれていた苗は使わない。

２、組み合わせを決める

大きめの花と小花、花苗と葉ものというようにきれいな組み合わせを考える。ただ寄せ合わせるのではなく、組み合わせを工夫して新しい花をつくる、というイメージで組み上げられる素材を集めると面白くなる。花だけでなく、観葉植物の斑の入ったもの、色のはっきりした葉など花に見立てたりリボンのように見立てたりすると切り花の組み合わせとは違った面白い効果が出せる。「第３章（P82〜）」も参考にしてほしい。

ギャザリングでは、主役と脇役についてきまりはない。どんな素材でもそのときの主役にできる。原産地、植生について参考にするのはいいが、先入観を持たずに新しい組み合わせに挑戦する。ひとつだけ考慮することがあるとすると、日当たりへの耐性だ。強い日差しですぐに葉が焼けてしまうものや日陰ではすぐに黄色くなってしまうものがある。

３、根ほどきし根鉢を小さくする

ここは大事なポイントだ。「小さな花束」をつくり植え込むためには欠かせない工程。根鉢とは植物の根のまわりについた土の塊のこと。根鉢を崩し根をほどくのは、土を入れ替え、新たな細かい根を出させるために行う。根鉢が固く「根づまり」を起こしている場合は、清潔なハサミを使って切り離すこともある。大根の「桂むき」のような要領で根鉢に刃を入れ周囲をぐるりとカットする（P26参照）。手で取るより数段早く作業ができる。植物によっては根を大きく切り取ってもなんともないものもあるが、逆に大きなダメージになるものがあるので注意する。ただ根鉢は可能な限り小さくするほうが取り扱いやすくなる。手の中でにぎって押すようにして細く整形し小さくするといい。

植物の種類や生産者の仕立て方の違いによって株を2つ、3つ、それ以上に分けられるものがある。こうした苗はしっかりと細かく分けて小さなパーツとして使える。緻密な表現こそギャザリングの持ち味だ。あおき式ギャザリングでは生産者の仲間もたくさんいる。栽培開始時にやり取りをして、挿し木を細かくして分けられるギャザリング向きの仕立てにしてもらう場合もある。良い生産者はこれからもっと増えるだろう。ほんとうに細かく分けられるように丁寧に挿し木をしてくれる生産者、極小の苗を出してくれる人、つるを長く仕立てたもの、そんな楽しい素材を提供してくれる生産者に感謝したい。

基本的に土を洗い流すことはないが、根鉢が固い場合や根を切りたくない場合には水を使ってもいい。
ルーティブーケの場合は、水についた土を全部きれいに落とす（右図）。

4、根合わせしながら「新しい花」を創る

根合わせは茎の付け根付近を中心に束ねて手の中で花や葉を動かしながら花束をつくること。ここで根鉢を小さくした効果が感じられるはず。合わせたところを中心にスパイラル（らせん）状にひねるように動かす。根鉢が小さければ手の中で微妙な高低差をつけたり、表面の「開度（ふんわり具合）」の調子をつけたりすることが難なくできる。つる性のものや下垂するタイプのものも花束に組み合わせてしまうことで外側だけ垂れ下がるものが連なっているというのではなく、鉢の中心から外へ向う、あるいは外から内へ向かう動きを演出できる。このあたりはまるで切り花のアレンジメントと似ている。意識としてはただAとBが隣同士で並んでいる、というのではなく、植物が組み合わさり編み込まれて新しい花Cができるというイメージでやってみてほしい。
※背が高くて茎が曲げられるものは、それを曲げて使える。（P27とリースの項も参照のこと）

５、根合わせした元をミズゴケで巻き留める

「小さな花束」でひとつの新しい花をつくったら、素材を合わせた根元の部分を濡らしたミズゴケで巻き結ぶ。ミズゴケの繊維の長いところで巻く。AAAAランクの品質のよいミズゴケが真価を発揮する。ミズゴケは根鉢の下の方まで巻く必要はない。接着と保水のために茎の付け根、根鉢の上部を巻いておく。
長いミズゴケが手に入らない場合は、短めのものを巻いたあと、化学繊維のギャザリング水苔を使って緩めに巻き留める。前はミズゴケだけを使用していたが、現在はミズゴケで巻いた後、根鉢全体を２、３周ぐるりとギャザリング水苔で緩めに巻いてまとめている。

６、培養土の中に差し込むように植える

完成した新しい花「小さな花束」を培養土に植える。培養土は容器のふちいっぱいまで入れておくのがギャザリング。土に穴をあけてそこに植えつけたり、あるいは、植えてからいちいち土を入れたりするようなことはしない。田んぼに苗を植えるイメージで、培養土にすっと差し込むように植えていく。そのために、培養土は黒土ベースのふかふかのよい土を選んでいる（P60～参照）。作業の途中で土を何度も足したりしないので作業スペースが汚れにくい。ギャザリングは作業中もいつもきれいでスマートにできるようにしたい。植える際に根っこが長く垂れ下がるときはくるりとたたむようにして植えつける。
「ベラボン」で植えていく場合は、土とはちょっと違うコツがある。かつては培養土を多く使ってきたが、現在はベラボンが中心になってきた。軽くてとても清潔だ。まず、「小さな花束」の根に「ベラボン・プレミアム」または「ゴールド・ベラボン」をまぶすようにする。こうしてよくなじませておくと植え付けてからの活着がよくなるようだ。植え付ける部分のベラボンは3mm角のプレミアムが植えやすい。ベラボンは土より反発力があるのでプレミアムのほうが浮き上がりにくい。ベラボン繊維は水やりを終えるとふくらんで根鉢をキープしてくれる。しっかりと水を与えること。

根鉢の「桂むき」のしかた

1

ハサミを入れる。

2

大根の桂むきの要領で。

3

カットする部分を進める。

4

一周して完成。

ギャザリング

Q&A

Q

なぜ、束ねて花束にするのですか。

根のはたらきは、からだを支えるとともに、水や養分を土から吸収してそれらを葉や花に送るしごとをしている。根っこを切るとからだを支えられなくなる。つまり植えたときにぐったりとしおれたようになってしまう。「花束」にして互いに支え合うようにする方法で解決。

Q

ふんわりさせたいのですが、どうすればいいいですか。

スパイラル（らせん状に）に組み込んでいく。角度をつけてひねるようにして上部を開くこと。何度もやっていくうちにできるようになる。

Q

茎の長い素材を入れたいのですが。

曲げられるものはいろいろ使える。根元を植え込んだあとで先端部の花やつるを好きな場所に曲げて持って行きそこでワイヤーなどでとめつけてしまう。先端の花や葉の位置を決めてから植える場所を探すのもいい。さて、その先端部の花や葉を留めたら、その近くに背の低い小花や葉のユニットを植えていくとそこが一体化して、自然にそこに花があるかのように見える。

Q

根合わせするときに高さが違うときは、どうすればいいのでしょう。

短い方の根をミズゴケで巻いて保水したうえで、長いものをスパイラルに傾け、ちょうどいい位置に合わせてそこをまたミズゴケで巻いて留める。

Q

「つるもの」（つる性の植物）を入れるときのコツはありますか。

全体をだいたい植え込んだあとにアイビーのような「つるもの」だけを入れるときは、パーツの根鉢を小さくしてミズゴケを巻いてすきまに植えていく。切り花のアレンジと同じでつるの先端をどの位置に持って行きたいかを先に決めてから根元の位置を決めていくといい。のびたつるを外側に飛び出させたままにしたくない場合は、長めのUピン（♯22番くらいのやや太めのワイヤー）で留める（リースの項目参照P35）。

Q

夏場の高温期にはどんなことに気をつければいいですか。

まず、蒸れやすくなるので、気候のよい時期よりも多く下葉をとること。黄色くなった葉や枯れた葉は整理する。ウイルスなどの問題もあるので、手で付け根からつまんでトリムする。細かい枝が多いものは清潔なハサミを使って丁寧にカットする。雨には当てないこと。花が少なくなったり、枝が込み合ってきたら思い切って切り戻したりしてもよい。

Chapter 2

ギャザリング・レッスン

5つのタイプのギャザリングを実際につくってみよう

1

リース・ギャザリング

ギャザリングを始めるなら、
株数が少なくてもできるリースからつくってみよう

ギャザリングを始めるなら手頃なリースから

リースバスケットを使ってつくるギャザリング。小さな花束をつくり、リースバスケットに入れていく。一見難しそうだが、植え込むスペースが限られているので、初心者向けの最初のレッスンにはとてもよい。細かい素材を使うことでいくらでも緻密なものをつくれるが、最初のレッスンなら3つの花束ユニットを三角形になるように植えていくとよい。あとはすべて自由だ。

完成したら、器全体を逆さにする「リバーステスト」という「儀式」を行うのがあおき式。植え方がゆるゆるで甘いときや花束のボリュームが足りないといった問題があると、リバーステストには耐えられない。必ず苗が器から飛び出してしまう。緊張の一瞬だが、うまくいくととてもうれしい。とにかくテストする前にちゃんと植えられているか確かめて、直すべきところはやり直したい。

リースは壁にかけることが多いので、壁かリース掛けに飾って楽しもう。一定期間、様子を見ながらリースを回転させると生育が片側に寄らず、きれいなイメージを維持できる。リースは乾きやすいので水やりをしっかりと行うことが大切だ。いつも使っている23号の深皿に水を張ってリース全体をしばらく沈めてしっかりと吸水させよう。雨を除けるなど基本の管理は他と同じ。

こんな順番で植えていく

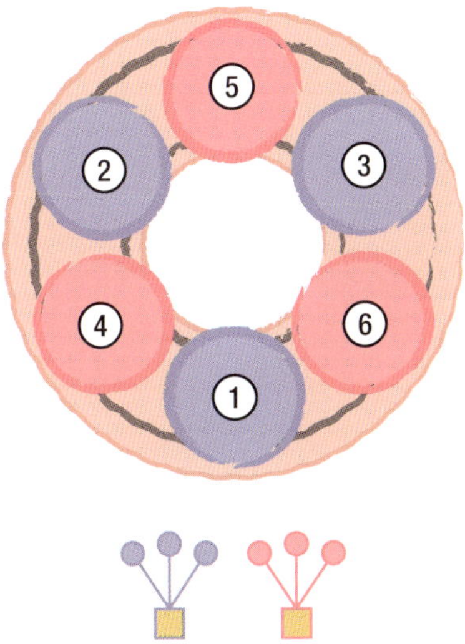

三角形を意識して配置していくとバランスを取りやすい

1つのユニットの簡略図
（リースバスケットの断面図）

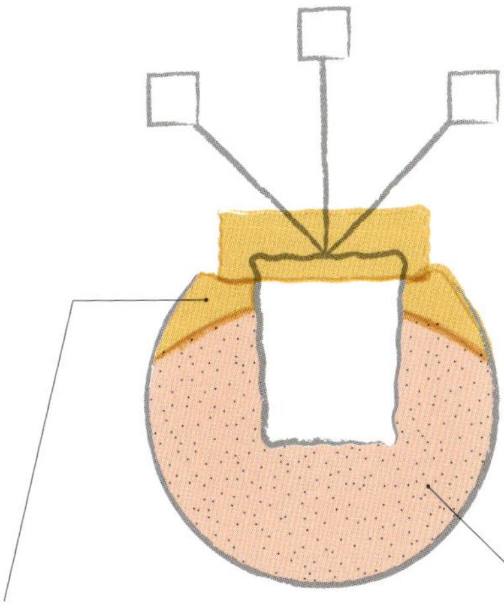

培養土

ミズゴケの層

根のサイドをしっかりと
ミズゴケで押さえる

使用したユニット

シルバーリーフや赤、白の斑入り。細やかなグリーンを丁寧に集めたリースを作る。主な素材としてシクラメン、フィットニア、ヒポエステスを用意。これにプミラを加える。全体の調子は同じようだが、赤い葉を目立たせたユニットと白を中心としたユニットの2種類、それぞれ3株ずつ作る。シクラメンはとても繊細なので根鉢を傷めないように注意して取り扱う。アイビーは最後に足すので細かく分けておくこと。

【 使用花材 】

シクラメン、フィットニア、ヒポエステス、フィカス‘プミラ’、アイビー

左からシクラメン、フィットニア、ヒポエステス

【 用意するもの 】

ギャザリング制作セット【①トレイ（23号深型鉢皿）、②バケツ2個、③回転台】、④AAAAランクのミズゴケ、⑤培養土、器はリースバスケット

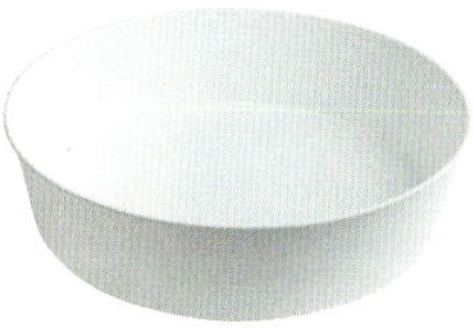

How to Make

1

2

3

4

5

6

7

8

リバースチェックをしよう

9

1 リースバスケットを用意する。市販のバスケットの中から保水力のある土が多めに入るタイプのものを選ぶ。使う花苗は「きれいでしっかりした花苗」を選ぶことが大切。よい素材を選ぶことが8割で技術は2割くらいの比重しかないと考えよう。
○花選びに迷うときは、使う色数を3色程度に抑えるとまとまりやすい。
○「小さな花束」ユニットをつくって用意する。ここでは、6つのユニットを植えて完成させることにする。6つの部分で植え終わるように花束のサイズを調整する。素材によってユニットの大きさが違ってくるのでそれに応じて数を増やすこと。

2 リースバスケットに培養土を入れる。こぼれない程度、器の半分より上まで入れておく。ここでは、「ベラボン・プレミアム」を使用している。

3 手前から最初の花束を植える。植えこんだら、外にはみ出すように角度をつけるなど調整する。

4 三角形になるように配置する。こうすることで、バランスが取りやすく全体のリズムもつくりやすい。

5 残りの部分も植えて完成させる。きれいに仕上げるコツは真ん中の空間をしっかりと見せること。株とバスケットのすき間にミズゴケを入れて動かないように留めていく。今回は、最後にアイビーを細かく分けたものを数カ所に入れて動きを出してみたい。アイビーの葉を入れたい場所を選んで株の間のすき間に植え込む。

6 アイビーを植え終わったら、つるの先端をはねたままにしないで、リースに沿うように押さえたい。フラワーアレンジ用のワイヤー（♯20、22くらいの太さのもの）を長めに曲げてつくったUピンを差して留める。あまり先端を留めないのがコツ。つるの動きを止めてしまわないようにすること。

7 アイビーを入れ終わったリースの側面をぐるりと一周ミズゴケを差し込みながら株がしっかりとバスケットと密着し動かなくなるように詰めていく。

8 リバーステストをおこなって、逆さにしても動かなければ完成。大きなトレイのようなものに水を張ってしばらくつけてしっかりと吸水させる。「ベラボン・プレミアム」の場合は、素材が水を吸って膨らみ、しっかりと保持し始める。

9 水が切れたら2日程日陰で管理し、大丈夫なら様子を見ながら壁やリース架台に取り付けて飾ろう。

綱木紋花器 -つなきもん

天然資材でつくられる
軽くて使い勝手のいい
耐久性にすぐれた器

大阪は河内長野市。のどかな田園が広がる小高い台地の細い道をぐるぐると車で走ると植物だらけの家がある。よく見ると、そのほとんどが不思議な形にクネクネと曲がった紐のようなもので編まれたバスケットに植えられてあちこちに掛けてある。ここがイシダ工房。ギャザリングではなくてはならない器である「綱木紋」をつくられる石田 保さんの仕事場だ。綱木紋とは聞き慣れない名前だが器を見れば一目瞭然。縄文式土器のような紐状の素材でできた器がたくさん並んでいる。色もかたちもいくつかのタイプはあるもののすべてが手作りのため微妙に違っている。一見すると陶器のようだが触れればすぐに違うと分かる。ぶよぶよと柔らかい弾力があり、なによりも意表を突かれるくらい軽い。素材はなんだろう。実はこの柔らかいゴムのようなプラスチックのような素材の原料はほとんどが天然素材だという。主原料は、蛎殻を粉末にした炭酸カルシウム。これに数種類の竹の粉末、植物色素などの自然素材が混ぜられているという(特許技術)。この原料に高熱を与えて溶かし機械から紐のようになった素材を熱いうちに器の型に巻きつけるようにして一気に成型する。取手をつける様子はまさに神業だ。完成したら冷水に型ごと浸けて冷やす。そうするとすぐに固まって完成だ。

植物にとって
最高に居心地のよい
手作りの器

綱木紋は、とにかく軽くて丈夫。軽く落としても割れない。検査の結果耐久性は500年という話もあるという。制作の過程で細かなスキマが必ずできる。このスキマが空気を入れやすくしているのか、植物の生育がすこぶるよくなる。植物にとってとても居心地がいい器だ。個性的なデザインの器だがギャザリングして植物を植え込むと植物の陰に隠れて縁の下の力持ちになる。例えば取手のついた器。取手があることで腰を曲げずに鉢を持ち運べる。ありそうでなかなか見つからないものだ。これらの作品をほとんど一人でつくり続ける石田さんは今年で80歳になる。ギャザリングをする人の中には石田さんに特別なデザインを頼んだり、特殊なフレーム(構造体)をつくってもらったりしている人たちもいる。ここからまた新たなタイプのギャザリングが生まれてくるもしれない。

2

フラワーポット・ギャザリング

(1) ナチュラル

植物素材の自然の高低差をそのまま生かして「花束ユニット」をつくり、植え込む。中央を高く外側に向かってだんだんと低くなる形が基本。空気を含んで風に揺れるような自然な姿になる。

背の高い植物を生かすナチュラルなスタイル

背の高い植物を中心にして素材の高低差をそのまま生かして花束をつくり、中央から外へ植えこんでいくスタイル。背の高い素材には背の高い器を使うと相性がよい。このように大きめのサイズの植物を使いたいときには、まず目につきやすい真ん中に決めて植えつける。そこから外へと高さを少しずつ低くしながら形づくる。ふんわりと空気を含んで自然な感じのするアレンジにしやすい。シンメトリーにしてもいいし、中央からずらす、あるいは2つのピークをつくるなどアシンメトリーにするのも自由。高低差があまりない場合は、外側から植えていって真ん中で終わってもよい。外側の花束ユニットは、器の外に向けて少し飛び出すように斜めに植える。外側に垂れるようなものも入れるとボリュームが出る。また、台を用意して目線に近い位置に飾るというのはギャザリングに共通の置き方。水やりなどの管理も楽な姿勢でできる。

どのようなテイストのものもこの技術でつくれるが、線を生かす、あるいは野の花を集めたようなふんわりとナチュラルな雰囲気はこのタイプの植え方が合っている。玄関脇などに置く場合、本来なら、「一方見」でつくることが多い。しかしギャザリングでは、後ろ側にも花を入れどこからでもきれいに見える「四方見」でつくることを勧めている。これは、見る人が植物に触れるためのしかけ。そばに近づいて見てほしい。花が後ろ側にもあるならそれを見てもらいたいのだ。

「1・3・3」植えと呼んでいる植え方。「3ユニット」を基本に真ん中から外へ三角形を意識しながら植える。

タイプの違う「小さな花束」をバランスよく配置

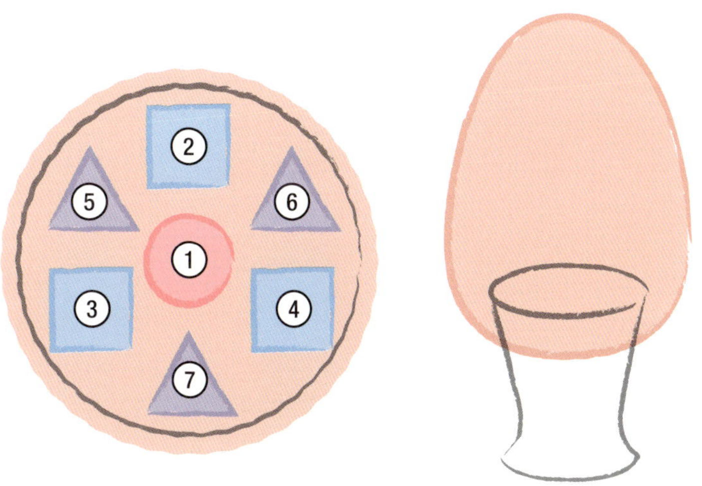

【 用意するもの 】

ギャザリング制作セット【トレイ（23号深型鉢皿）、バケツ2個、回転台】、AAAAランクのミズゴケ、培養土、器

【 使用花材 】

ニチニチソウ2種、ペンタス、カラミンサ、オレガノ、ポーチュラカ（斑入り）

How to Make

1

2

3

1 器には培養土を縁いっぱいまで入れておく。写真では「ベラボン・プレミアム」を使用している。軽くて清潔なので使いやすい。鉢底石のようなものは使用していない。鉢底ネットを使う。
選ぶ植物は「強くてきれいな」苗を選ぶこと。品種によっては予め「ストレステスト」を行っておく。

2 小さな花束ユニットの作り方は先に示した（P24～参照）。必要に応じて、根鉢を可能な限り小さくし根合わせする。ミズゴケで根元を巻くか、ギャザリング水苔でまとめた花束ユニットを植え付ける。この作品では、株分けした素材をミズゴケで巻き、それを束ねてさらにミズゴケ、最後にギャザリング水苔で留めている。

3 植え方は、まず中心に入れるものから両手で支え持ってぐっと植えていく。「ベラボン」の場合、少し反発して戻ってくる手応えになるが、最終的に水やりをするとベラボンが膨らんでしっかりとしてくる。

できあがったら、2～3日、明るい日陰の風が当たらないような場所で養生する。大丈夫なようなら場所を変えて慣らしていく。植え込みに失敗したときはこの数日の間に様子がおかしくなるのですぐに分かる。ミズゴケで乾き具合が分かるが、用土を手で触れながらしっかり水やりしたい。季節にもよるが、一年草の草花で2ヵ月から3ヵ月、秋から春にかけてなら半年以上楽しめる。花ものは、雨や強い風に当てないのが基本。

【 使用花材 】

左
プリムラ‘ウィンティ’、チューリップ（クリスマスドリーム、ブルーダイヤモンド）、バラ‘ノバ’、ビオラ‘ビビアンティークピンク’、ハナカンザシ、ヘーベ‘ハートブレイカー’、ハーデンベルギア、スイートアリッサム

右
ユーフォルビア（斑入り）、ヘリクリサム黄‘ペーパーデージー’、オレガノ、シレネ‘風鈴花’、カーペットカスミソウ、オダマキ‘ポンパドール’、リシマキア‘シューティングスター’、ロータス・クレティクス、赤葉セリ、シルバータイム

右頁
アイビー‘白雪姫’、マツムシソウ、斑入りヤブラン、クレマチス・ペトリエイ、ルブス‘プロポーズ’

【 使用花材 】

左

カラー、ペチュニア‘サマーパープル’、ヒューケラ（クラシカル、キラパープルインフォレスト）、ハツユキカズラ

右

アジサイ（グリーンファイヤー、伊予獅子、レボリューション）、マーガレット‘ポポタン’、オレガノ、スパティフィラム（斑入り）

Column

鉢や器の色のこと

植木鉢の色は「テラコッタ」の茶色、素焼き鉢の色がナチュラルで植物と合っている、ということが普通に言われているけれど、ほんとうにそうなのだろうか。多様な緑、多様な花の色に、濃いオレンジや茶色が合うと言えるだろうか。

きれいなお花には
きれいな器を合わせたい。
上質で長く使えるものを選ぶこと

テラコッタや素焼鉢は植物の育成用に古くから用いられてきたもので、植物の培養には適しているが、こと園芸装飾、花卉装飾ということになるともっといろいろな選択肢のなかから素材や形を選んでいく必要がある。装飾用の器は、植えるスペースと必要な量の用土を入れることができるならコンテナとして利用し面白い効果を上げることができるかもしれない。しかし、生花のデザインで花器が重要なように、園芸においても鉢や器の色は、デザインの中でとても重要な役割を持っている。よく考えて選ぶこと。

では、どのように器の色を考えていけばいいのだろう。まず、何を植えるか、どの器を使うかを決める前に、どこにそれが置かれるのか、が一番重要だ。置き場所の環境によって器の素材が考えられる。暑い日差しが照りつけるテラスにブリキでできた器を使うとどうなるか。いくら多肉植物でも鉢の内部の温度はかなり高くなるのは想像に難くない。おしゃれなトレンドの「スタイル」だからそれをやる、というのではうまくいかないこともいろいろ出てくる。

もう一つは装飾の目的だ。その場所をどんなイメージにしたいのか。商業空間では特にそのことを意識したい。どんな器を使うのかとどんな花を植えるのかを決めるのはどちらが先と決められないかもしれないが、いずれにしても場所と器と花はそれぞれが調和しバランスよく合わされることで、よい効果を上げられる。明るい色の花には明るい色の鉢が似合う。海外のウインドウボックスのように、花の色にあわせてはっきりした色の器を使うのも効果的だ。また、装飾の目線を上げるために使う鉢を乗せる台も同じように明るいものがいい。

商業空間では、周りと雰囲気の合う「きれいな」鉢を用いるべきだと思う。汚れてきた鉢は何度も外側を防水塗料で塗りなおして長く使っている。だから、価格が高価なものでも上質なものを長く使えばよい選択になっていく。インドアで飾るときは、外で飾る場合よりもっと清潔感が求められる。インテリアとしてもマッチするような質感の器が似合う。鉢底に穴がないタイプのものも水やりを工夫して上手に使おう。

3

フラワーポット・ギャザリング

(2) マウント

3段マウントをつくろう

「マウント」は、植物をレンガ壁や石垣のように積み上げてしっかりとした構造をつくるユニークな技。
鉢の縁から大きく盛り上がる特徴的な作品を生み出すギャザリングにおける必須の技術だ。

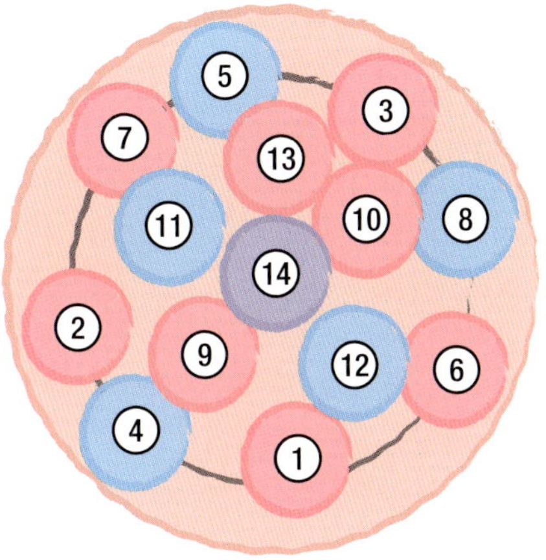

マウントは一番下から頂点へ、外から中央へとレンガを積むように植えていく

フラワーポットに3段マウントで植えてみよう

背の低い花苗を中心にパターンを決めてつくっていくのもよいし、ここで紹介する作品のように自由に組み合わせるのもよい。その時季に出回っている素材を生かして自由につくること。春から夏へと移り変わる気温も湿度も高くなる時期は、蒸れやすい植物の下葉を多めに取るなどして通気性を良くするようにしよう。

【 用意するもの 】

ギャザリング制作セット【トレイ（23号深型鉢皿）、バケツ2個、回転台】、AAAAランク（繊維の長い上質なもの）のミズゴケ、培養土、器

【 使用花材 】

ヒポエステス、フィットニア、ディコンドラ‘シルバーフォール’、スマイラックス、ワイヤープランツ‘スポットライト’、シクラメン、リッピア‘スイートメキシカンハーブ’

How to Make

1

2

【 準備 】

テーマや色あわせを考えて苗を選ぶ。どのくらい「盛る」のか、ボリュームを考えて植え込やすい器を選ぶ。

1 しっかりした元気な苗を選ぶ。培養土はポットの上部の縁までいっぱいに入れる。ていねいに「根ほどき」し、株を分けられるものは分けて使う。

2 ギャザリングの基本、ミズゴケで根の上部を巻く。小花や葉ものを合わせ「小さなブーケ」をつくる。下葉を取って蒸れにくくする。合わせるごとに水苔で根を巻く。

3 マウント開始。手前外側から「小さな花束」を植え込む。鉢の縁に沿って一段目の植物を植えこんでいく。外側に突き出るようなイメージで。斜めに植えていくのがコツ。一段目は、垂れる素材を使うのもよいがパターン化しないようにしたい。むしろ内部から外へと線が出ると面白くなる。

3

「土手」のつくりかた

ここでは花苗でつくる。一段目を置くように植えたら、ミズゴケを厚めに敷いて土手をつくる。そこに用土を入れて二段目を植える。最後に三段目の植え場所が見えている。

4　下から上へしっかりと積み上げる。一段目を植えたらミズゴケを敷き詰め中央部に「土手」をつくる。土手は「花束」を巻いたミズゴケと一体となって保水する。「土手」のくぼみに培養土を足し、二段目をマウントしていく。

5　二段目をマウントしたら同様にミズゴケを施して三段目を植える。できあがったら最低3日間は日陰で養生させること。

4

上から見た図

横から見た図

5

Column

マウント技法の発見

フラワーポットに植える。ふたつの方法のうちの2番目に紹介するのがこのマウント。ギャザリングの代名詞とも言える珠玉のテクニック。先（10ページ参照）にも示したように美しいドーム構造を持つ建築的なプランツ・アレンジメントである。この独自の技法を発見したのはある園芸見本市でのことだった。商品サンプル展示のために使おうと思って頼んでいた苗。送られてきた箱を開けてみると、それがとても小さいのに驚いた。この小さな苗を使ってどうすればボリュームのある展示物にできるだろうか。そのときに思い浮かんだのは植物の根鉢をレンガに見立てて、それを積むようにして盛り上げられないか？ということだった。レンガを積む仕事は庭づくりでさんざんやってきたことだったからやるのは難しくない。幸いにも苗の数は十分にあった。実際に積み上げてみると結果は驚くべきものになった。レンガの間に挟むセメントの役割はギャザリングでいつも使うミズゴケが役立った。植物の根鉢を使ったドーム構造を持つ建築的な寄せ植えができた。大きさによって2段、3段と高く盛ることができる。今までの最高が17段とか18段で500ポット以上の苗を使う。

マウント制作の基本は下からそして外側から順に上に植えていく。最後に最も高い中央部分を植えて完成させる。全体がきれいなドームになるように高さを見定めるのがコツだ。浅いドームならまず最後の部分で先に頂上を決めてその間を埋めるように高さを調整しながら植えていくという方法もある。いずれにしてもすべて支柱も何も使わない。ただ植物とミズゴケだけだ。完成後しばらくすると根が動き出し、用土内部にしっかりと根を張っていく。

花苗は秋から春にかけて出回るものは背の低いものが多い。こうした苗を生かしてきれいなドームをつくろう。

○同じような高さ・組み合わせのユニットでつくると全体がこんもりと丸いラウンドのフラワーアレンジのような形にできるが、いろんなサイズのものを使うのも楽しい。中央を背の高い素材で決めていくのもよい。

○時間が経つにつれてマウント全体が生長を始める。不思議なことに植物が互いに競い合って伸びていくように見える。全体的に一回り、二回り大きくなって見事だ。

【使用花材】

左上
アジサイ‘ダンスパーティ’、オレガノ、シレネ、コロニラ・バレンティナ‘バリエガータ’、ラミウム、ラベンダー、ニオイスミレ、グニーユーカリ、ハイビャクシン‘ウィルトニー’、アイビー‘翼’、バラ‘ノバ’、フランネルフラワー‘エンジェルスター’、バロータ

右上
アルテミシア、ラベンダー‘リトルビー’、カーペットカスミソウ、ラミウム、ブラキカム、シレネ、ロータス‘コットンキャンディ’、リシマキア、シルバータイム、ヘリクリサム、斑入りヤブラン、ビオラ、バラ‘グリーンアイス’

下
プラティーナ‘クッションブッシュ’、キンギョソウ‘ブロンズドラゴン’、ワイヤープランツ、アリッサム、ザンセツソウ

4

ウォールバスケット・ギャザリング

ウォールバスケットはギャザリングの代表的な作品形態だ。基本形は完成すると「まん丸な」独特の姿形に仕上がる。初期から取り組んできたオリジナルな表現形態で、現在も植え方や器の改良を重ねている。

こんな順番で植えていく

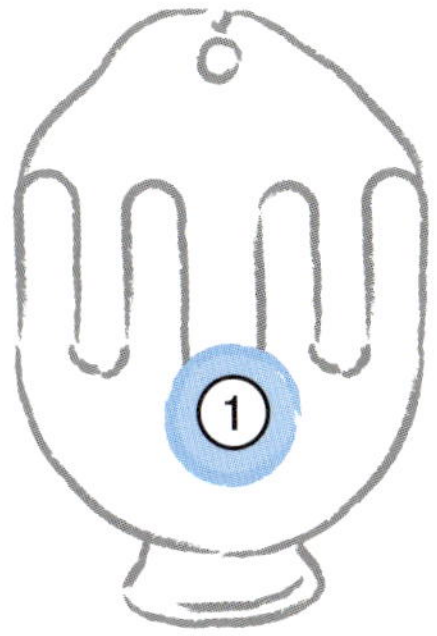

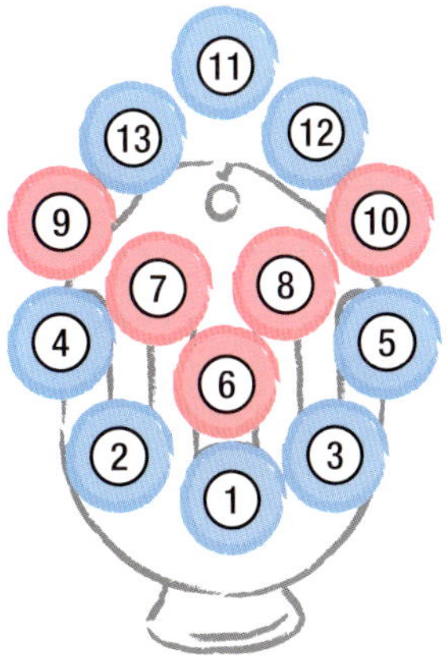

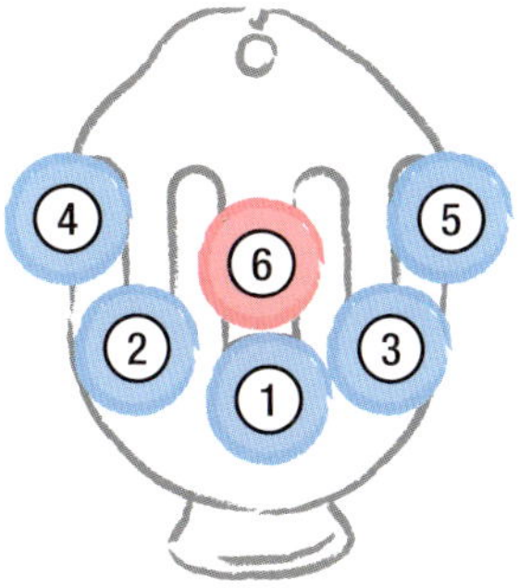

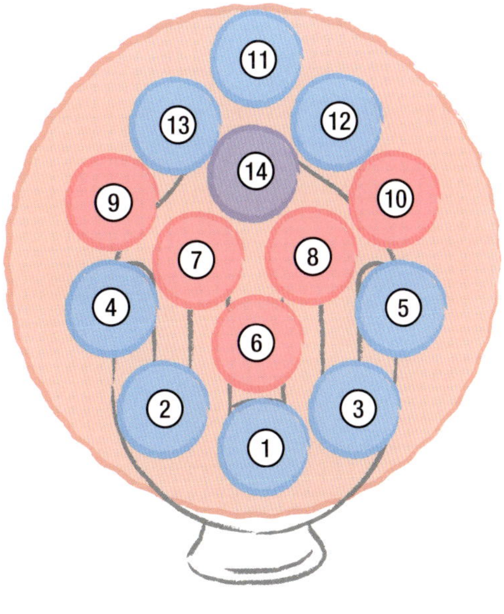

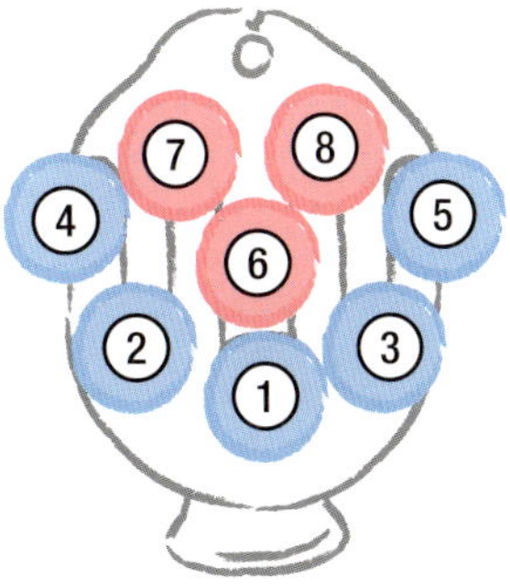

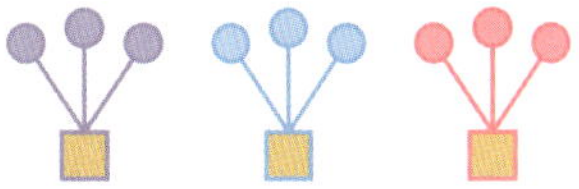

タイプの違う「小さな花束」を
バランスよく配置

まん丸なウォールバスケットをつくろう

【 用意するもの 】

ギャザリング制作セット【トレイ（23号深型鉢皿）、バケツ2個、回転台】、AAAAランク（繊維の長い上質なもの）のミズゴケ、培養土、器

【 使用花材 】

ニチニチソウ、ペンタス、花オレガノ、ユーフォルビア‘ダイヤモンドフロスト’、ホヤ、コクリュウ、アイビー

How to Make

1

【 準備 】

テーマや色あわせを考えて苗を選ぶ。まん丸につくりたいので、極端に高さのあるものではなく、全体がこんもりと生長するような植物を選ぶとつくりやすい。

2

1　しっかりした元気な苗を選ぶ。培養土（ベラボン・プレミアム）はウォールバスケットの最下段スリットの縁までいっぱいに入れる。花苗は、ていねいに「根ほどき」し、株を分けられるものは分けて使うことで繊細な表現ができる。

2　ギャザリングの基本、水苔で根の上部を巻く。小花や葉ものを合わせ「小さなブーケ」をつくる。下葉を取って蒸れにくくする。合わせるごとにミズゴケで根を巻く。4つの異なる花束ができた。

3

3　ウォールバスケットは最下段中央から植えこむ。ウォールバスケットの基本は「まん丸」になるように形づくること。色合せを考えながら「小さなブーケ」を最下段中央部から輪郭部分へ順番に植え込む。最下段は真正面よりも少し下に向くように整える。

4　一段植えこんだらミズゴケで「土手」をつくって培養土を足し、2段目を植える。写真は1段目が植え終わったところ。

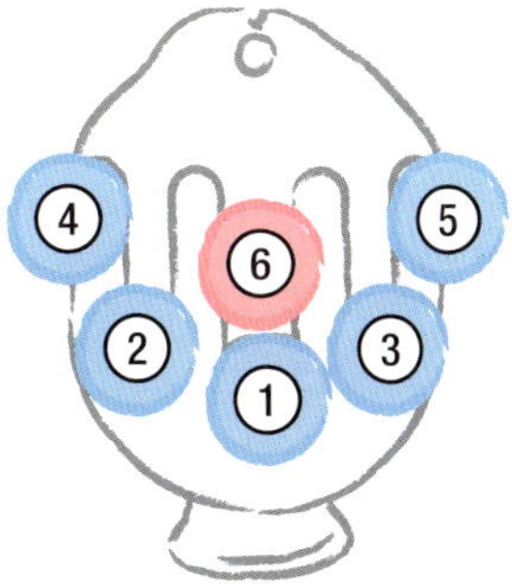

1段目から2段目へ

4

横から見た最下段部分。完成したときの大きさをイメージして丸くなるように向きを整える。

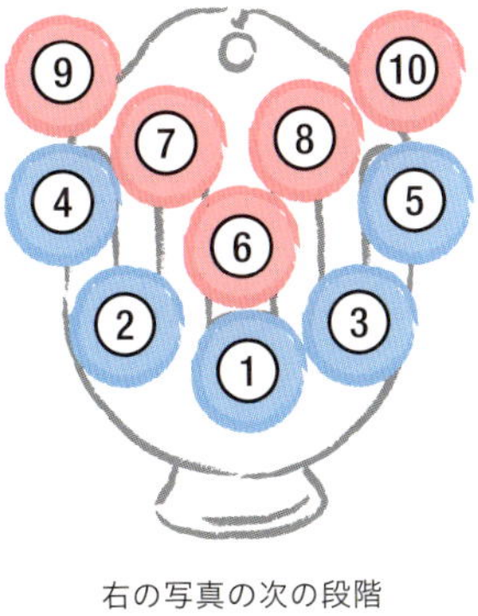

右の写真の次の段階

1段目が植え終わったところ

5

6

5、6　最下部から2段目に進んだところで最上部のうしろ側を植えこむ。（図の11と12部分）

7　図の13まで植え終わった。最後にもう一度ミズゴケで土手をつくり、土を足す。

8　正面から見て真ん中のやや高いところに最後の株を入れる。この最後の株を入れるときは、片方の手で器の背中をしっかりと押さえて、片手でぐっと植え込むのがコツ（右ページの写真を参照）。この作品では、淡いピンク色がきれいなホヤを使った「小さな花束」を最後に植えた。

真ん中上段の最後のパーツを植えこんだら、全体をよく見てみること。前からも横からも丸く見えるように修正する。

9　これでほぼ形は完成。最後に、正面から両手を植えこみの後ろに回して全体を手前に少し戻すようにする。こうすることで全体が引き締まった感じになる。同時に、後ろにスペースができるので、そこにミズゴケを厚めに入れてスペースをつくる。ここが水やりをする際の注ぎ場所（ウォータースペース）になる。もちろん、大型のバケツにしっかりと浸けて給水させるとなおよい。

7

8

写真7を横から見たところ。正面から見てまん丸、横から見て半円を描くように最後のパーツをつくる

9

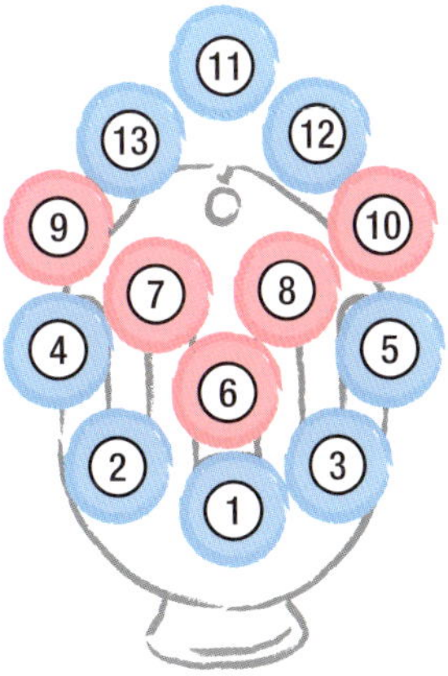

Column

ギャザリングに適した培養土

テストを繰り返しながら、ギャザリングの「花束植え」に対応できる土を探してきた。
昨年、2014 年からは、「ベラボン」というとても優れた用土と出会い新たな世界が見えてきた。

力のある苗は植え込んだ後もしっかりと花を咲かせ生長する。鑑賞を目的とするギャザリングでは展示期間中、水やりが中心で必要に応じて液肥を与えるくらいだ。肥料よりもむしろ根の張りをよくする培養土によい資材を使いたい。

水分、養分、空気をしっかり供給する

植物を育てるためには植え込む材料、「培養土（栽培用土）」が必要だ。培養土に求められるのは「固相」「液相」「気相」の三相、つまり水分と空気、有機物・無機物の適度な状態。この三相のうち固相は一定だが、液相と気相の量は、用土が乾いたり湿ったりすることで相互に変化している。植物の根はこのような用土に触れて水分、養分、空気を取り込んでいる

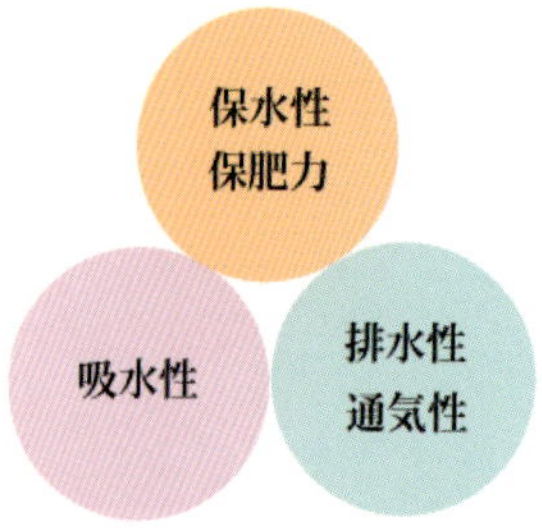

ギャザリングを研究するなかで植え込みに適した用土に求めたのは、「苗がスッと入るふかふかの土」であること。市販されている培養土を中心にいろいろと試してみた結果、これまで長く使ってきたのは「黒土」ベースの野菜用の培養土だった。

植え込み資材は「土」に限らない

日本語では「培養土」というが、英語では土壌 soil という言葉の他に、コンポスト compost とかメディウム medium と呼んでいる。必ずしも「土」ではなくてもいいのだ。あとで触れるが、ギャザリングでは近年「土を使わない」軽くてスマートな資材を中心に制作するようになってきた。ここでは、植え込み資材に関して二つの資材を紹介する。

ギャザリングで使う植え込み素材 1

プロの生産者が作る上質な土『苗やさん培養土』
（花・野菜苗生産直売のお店　苗やさん）

プロの生産者が自分で生産販売する野菜苗に使っているものと同じ土を袋詰めした商

品。保水性、保肥性、適度な排水性、通気性のある優れた培養土。

ギャザリングで使う植え込み素材 2

ヤシの実チップ「ベラボン」

（株式会社フジック）

「ベラボン」には、粒のサイズや加工によっていろいろな商品があるが、ギャザリングでは、3mm の「ベラボン・プレミアム」とそれよりもっと細かいおがくず状の繊維に 3mm 角の粒を加えた「ゴールドベラボン」を用いている。基本は混ぜずに単体利用するのだが、底辺に薄く培養土を敷いた上に「ゴールド」を、その上（植物を植え込む部分）に「プレミアム」を用いる。これが「ミルフィーユ（層になった焼き菓子）植え」と呼ばれる使い方だ。植え込む場所にプレミアムの粒を用いるのはそのほうが植え込みやすいから。作者によっては、植え込む部分は培養土を用いるが、ただ根が伸びる先にベラボンが入っているというのは同じ。ベラボンは水を吸収すると膨らむため、鉢の中で植物の根鉢をしっかりとホールドするようになる。最初にしっかりと水を与えてベラボンに水分がいきわたるようにすること。

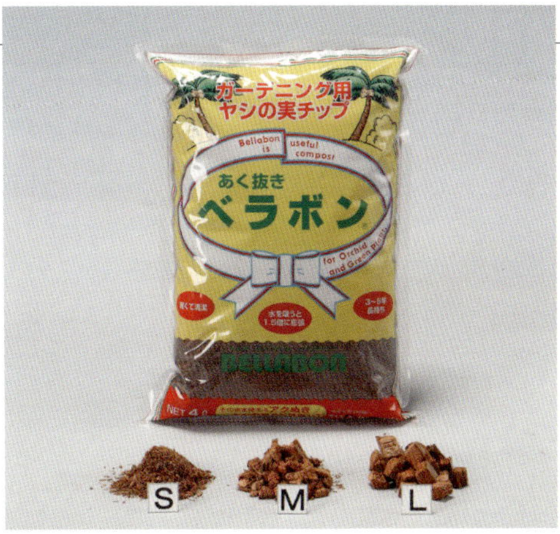

従来の「あく抜きベラボン」

細かい根がびっしりと張る

「ベラボン」はコンテナガーデニングを根底から変える可能性を持った革命的な資材だ。使った人はその根の張り方に驚かされる。白く細かい根がまるで菌類の菌糸のようにびっしりと資材に吸い付いている。驚くのはそれだけではない。以下にその特長をいくつかあげる。

◎ 軽い、手が汚れない、清潔である

◎ 夏は通気性を保ち、冬は凍りにくく根が傷まない

◎ 可燃物として処分できる

まず、第一に軽いということ。土と比べると圧倒的に軽くなる。女性や高齢者にとってはとても大切なことだ。フジック社の実験では水を含んだ状態で培養土の約 3 分の 1 の軽さ。しかも土と比べて沈下が見られず通気性が確保されていることがよくわかる。さらに、清潔であること。手が汚れないので作業も気持ちよく進められるうえ、できあがった作品もキレイな状態を維持でき、部屋の中でも清潔に楽しめる。素材自体はヤシの実 100% の有機物（植物性資材）で培地の物理性も長持ち。

ベラボンは水につけると、約 1.5 倍に膨張し、乾くと戻る。このような運動を鉢の中で繰り返すためベラボンの中に空気が入り、通気性、水持ち、水はけに抜群に優れ、すばらしい根がはるのだという。特に通気性がよいので夏場蒸れず、植物を健康に保つことができる。また冬場は、土と違って凍らないので、根が傷まない。ヤシの実は保温性に優れ、温室がなくても根を守ってくれる。

ベラボンは炭素率が 162 あり約 3 年から 5 年間かけてゆっくりと分解するという。このため窒素不足、ガスの発生などのマイナス要因がなく、「吸水性」「保水性」「排水性」を保ったままその効果が長く続く。

使い終わったベラボンは、庭にすきこんだり、プランターの土に混ぜたりできる。実際にプロも使う土壌改良素材で、植物にとってとてもよい栄養になる。「軽くて清潔」ということと最終的には「燃えるゴミ」として捨てられるのは都市生活者にとってとても利便性が高い。

再利用する場合、ベラボンをよく乾かし、シートに広げるなどして植物の残渣をできるだけ取り除く。消毒が必要だと思うならビニールなどで覆い日光に当てる太陽熱消毒が手軽にできる。少ない量なら、熱湯消毒もいい。

「あく抜きベラボン」の生みの親
情熱の人　豊根 實　氏

華やかなファッションの世界から一転、園芸培養土の世界へと身を投じた
株式会社フジックの豊根 實氏と「あく抜きベラボン」開発物語

「ベラボン　BELLABON」とは、ヤシの実を原料とした100%の植物資材。株式会社フジックが生産・販売を行っている。35年の実績がある。ベラボンの「ベラ」はラテン語語源で「美しい」という意味のベラに、「いいね!」「Good!」を意味する響きのよいフランス語のボンを合わせた造語。創業者の豊根 實（とよね・みのる）氏が名づけた。豊根氏は繊維（アパレル）業界にいて「フジック」社を立ち上げた時の主力商品はストーンウォッシュのジーンズなどの製造販売だった。アパレル以外にもサラダボールなどの日用品も扱っており、その関係でフィリピンを訪ねるようになった。その頃、フィリピンでココナッツの殻が捨ててあるのをみて、何かに使えないか考えたようだ。初めはカッターでヤシ殻をサイコロ状に切って段ボールに集め、洋蘭の生産者に持って行った。園芸も窒素リン酸カリも何も知らずに飛び込んだのだった。最初はあちこちで断られていたが、あるとき、世界的にも有名な岡山の「山本デンドロビューム園」さんが、試作してくれることになった。ここで山本二郎会長に、「あく」のことを教えられ、中古の洗濯機を何台も購入して、「あく抜き」の実験を重ねた。あくを洗い流す

ことによって主成分のタンニンが除去され植物の生長を阻害することがなくなる。実験は成功し、やがて根の張りが非常によいと高評価を得た。こうして「ベラボン」は誕生した。

ランの植え込み資材から土壌改良材へ

豊根氏は、まず、洋蘭、特にデンドロビュームの植込み材（100%使用）として広めていった。当時洋蘭は、一般的に高価なミズゴケで植えていたがベラボンを使うことでコストを安く、また良いものが生産できようになった。アパレルのときもベラボンのときも、はじめは「こんなもの」と相手にされなかったが、持ち前の熱意と努力でいくつもの困難を乗り越えていった。その後は、洋蘭にとどまることなく、切花の土壌改良として千葉の房総、長野、愛知の渥美半島に自ら車を運転し、農家を訪ねて熱を込めて売り込んだ。現在は花以外でも、イチゴの高設栽培の培地、ナス・トマト・キュウリの土壌改良、マルチングなど多種多様な品目、用途で使われている。また、約13年前に工場をフィリピンからタイに移し、100%子会社「ベラボン・カンパニー」として土地も取得し、日本人の工場長常駐のもとで生産している。そのため細かいやり取りができ、現地の環境に配慮しながら安定した品質の商品が提供できている。ある意味「業務用」というイメージで「縁の下の力持ち」だったベラボンはまだまだ多くの人に知られていない。私たちはギャザリングを通じて、このすばらしい植物資材を一般の園芸家にもっと知ってもらいたいと思っている。ベラボンは家庭園芸に関わるいくつものマイナス面を取り去って新たな園芸ファンを増やす大きな可能性を持っている。

左　ベラボン・プレミアムと　右　ベラボン・サキュレント（多肉植物用）
写真提供／株式会社フジック

原料となるヤシの圃場のようす

バラのマルチ　泥はねを防止し病気になりにくい。夏場の地温対策にも効果抜群。ベラボンだけでもよく育つ。水を含ませて苗をしっかり硬めに植え付けること。

5

多肉植物《サキュレント》・ギャザリング

いろいろな色・カワイイ姿で植物に親しむきっかけに

ふだん植物にあまり触れることのない特に若い人たちにむけて植物に親しむ何かきっかけをつくれないだろうか。その答えのひとつがサキュレント（多肉植物）。小型でかわいい多肉植物のギャザリングは土をいっさい使わない。軽くて器も自由に選べ、室内でキレイなまま楽しめる。

ポイントは、できるだけ「水を与えないこと」。生長が抑制され、数か月飾っても植物が徒長して形が崩れることがない。しばらくすると根が出てきてしっかりとしてくる。もともと多肉植物は強い乾燥に何か月も耐えられるしくみを備えていて夜間に気孔を開いて同化作用を行っている（「CAM植物」）。ガラスやブリキ、POPな色の器とカラフルなミズゴケを組み合わせ、アレンジを楽しみたい。組み直すのも簡単にできる。

【 用意するもの 】

ギャザリング水苔、ヘラつきピンセット。ギャザリング水苔は化学繊維でできていて腐らずきれいに仕上がる。細かい繊維の毛羽立ちが互いに絡まり植物をよく留めてくれる。

器：底穴はあってもなくてもいい。いろんな器が使えるのが多肉植物・ギャザリングの楽しいところ

【 使用花材 】

小さな多肉植物のミックス

【 準備 】

まず、多肉植物をポットから取り出し、土を落として、それぞれの根元をギャザリング水苔で巻いたパーツをたくさん用意する。土が乾いているときれいにしやすいが、濡れているときは、洗い落としてしまってもよい。根は取れてしまっても大丈夫。

1

1　多肉植物にギャザリング水苔を巻いて下準備。器は、縁いっぱいまでギャザリング水苔を入れておく（腐らない）。今回使う多肉植物は色も形も多様なものを選んだ。土は水洗いしてきれいに落とす。根はかなり整理してよい。茎の下部を1、2cm出してギャザリング水苔で巻く。お気に入りの株は最後に入れるので選び出しておく。

2　器の縁から徐々に植物を寄せて入れる。器の外側から植物を入れる。はじめのうちは植物が動いてしまうが気にせずに配置する。やがて水苔や植物同士が密着してだんだんと動かなくなる。途中からはピンセットで差しこむように入れる。楽しみながらゆっくりと入れていこう。

2

ギャザリング水苔

「土を使わずに糸でその代わりができないか」と考えているときに見つけたすぐれものの資材。かんたんに巻きつけられ、水を貯え、腐らない。手で切るのも容易。色も各種あって楽しい。多肉ギャザリングやルーティブーケの必需品。

カラフルな色で植物に親しむきっかけに

土を使わないで植物を楽しむことができないだろうか。かつて出回っていたアート水苔は和紙を素材としたもので、長く使用すると腐ってしまう。しかし100%アクリル素材でできているギャザリング水苔は、腐らない。紐状になった素材の表面は細かい繊維が毛羽だっている。この毛羽が互いに吸い付くように密着するため、くるくる巻くだけで簡単にはほどけない。また水で濡らすとその毛羽の間にたくさんの水分を貯える。繊維は爪先でしごくとふんわりとした質感に変わる。これらを透明な器に敷き詰めると装飾として生かせる。メーカーはさまざまな色を試作し、研究を重ねフィードバックして商品となった。現在は多肉ギャザリングやルーティブーケの持ち手の部分を巻くのに欠かせないアイテムとなっている。また通常のギャザリングでも「小さな花束」ユニットをよりしっかりと寄せ合わせるのにこのギャザリング水苔を使用している。まだまだ使い道が見つかりそうなとても面白い資材だ。

○入手方法等のお問い合わせはガーデニング工房あおきまで

3　お気に入りの株は最後に入れて完成。器からこんもりと盛り上がるようにつくり、最後に自分のお気に入りの株を入れて完成。重要なのは当分の間、いっさい水を与えないこと。できあがってからも置く場所を変えたり、植物を入れ替えたりしてアレンジを楽しもう。

3

デザートみたいな多肉アレンジをつくろう

【 準備 】

下準備。ひとつひとつ、ギャザリング水苔で巻いていく。多肉植物は葉が取れやすいものがあるので丁寧に扱う。2、3本をまとめて持ってひとつのパーツとして巻いてもいい。ワイヤーを補助に使ってもよい。木の実と一緒にまとめても面白いパーツができる。ギャザリング水苔は濡らして使ってもよい。

1

2

3

4

How to Make

1　器は、スイーツが似合うようなかわいい透明なカップ。この器の内側に小さなマウントをつくる。まず、最下段は中に収める。外に向けて置くように並べる。2段め以降は少しずつ様子を見ながら並べていく。

2　ピンセットを使うと細かい作業が楽にできる。

3　途中途中でギャザリング水苔をすき間に差し入れて動かないようにしていく。最後は中央の一番高いところを入れて調整してほぼ完成。

4　それぞれの株の間にギャザリング水苔を細かくしたものを詰めていく。これでお互いがしっかりと押さえあって動かなくなる。仕上がったところで容器に水を入れて全体をしっかりと吸水させる。その後、器ごと逆さにして水を切る。完成したあとは、2週間くらいは水をいっさいやらない。葉にしわが出るくらいになったらしっかりと吸水させるといったサイクルで育てよう。多肉植物は日光が大好きなので可能な限り室内から外に出して日を多く当てるといい。

築山《つきやま》御《み》苔《ごけ》

多肉ギャザリングをベースに「和のテイスト」をテーマにした新たな展開。「築山御苔」(つきやまみごけ)と名付けた。和のグリーンインテリアとしてインドアで飾って楽しむために土が表に見えないようにする方向性は、多肉ギャザリング、ルーティブーケと同じ。異なるのは植え込み材料に「ケト土」を用いていることと表面に緑のコケを用いること。この基材にたいして和素材を用いずに、多肉植物を使っている。

和の素材だけで揃えずに「はずし」や「くずし」を楽しもう

「ケト土」や「コケ」という草花盆栽では伝統的に使われてきた基本的な植え込み資材をギャザリングに持ち込む。そのときに植える植物を「和」で揃えてしまわずに、ちょっとだけ遊び心を効かせて組み合わせを「外し」たり「崩す」とおもしろい。多肉植物は水の少ないところが原産だが、ぜひ試してみてほしい。とてもおもしろい雰囲気のある小品になる。

※「ケト土」とは水辺の植物の根が腐食し堆積した真っ黒な粘土状の用土。保水性がよく、乾くと非常に硬くなる。水で解くようにしてコケなどを付けたい場所に塗るといった接着剤のような使い方もできる。まだまだ研究できる面白い素材だ。漢字で書くと「化土」。小品盆栽、草もの盆栽、石付き、盆景づくりなどに用いられてきた伝統的な植え込み資材。

【 準備 】 多肉植物のポット苗と生のコケ（栽培品）を用意する。P65 の要領で多肉植物のパーツを準備する。生のコケは、ケト土に貼り付けやすいように裏面についた土などを取り除いておく。

How to Make

1

2

3

4

1 「築山御苔」という緑の「コケ」と「和」を意識したネーミングのスタイルだが、あえて多肉植物を基本素材として用意する。パーツのつくりかたはいつもと同じ。この作品では、色と形の異なるものを繊細に組み合わせている。生のコケは採取品ではなく、かならず栽培されたものを使う。
ケトは市販されているものを使う。ギャザリングでは、ケト単用で使用する。水を加えながらしっかりとこねて固さを均等にする。「耳たぶ」くらいの固さ、というが、自分のつくりたいかたちができればそれでよい。上にコケをはるのでその分大きくなるということを計算する。

2 ケトで形をつくったら、パーツを植える場所に穴をつくりそこに株を収めるように植えていく。

3 ピンセットを活用したい。パーツになっているのでやり直すのも簡単だ。

4 ケトが湿った状態で生のコケをはる。ケトが接着力をもっているので押さえることで付けられる。コケの端をしっかりと押さえつけてなじませること。

組み合わせ自由自在！　コケ玉ギャザリング

基本の花束ユニットを「ギャザリング水苔」で包み、コケ玉風にカバーしたものを集めてギャザリングしたバージョン。コケ玉が見えるように目の粗いカゴのような器を用いる。立体的なフレーム（構造・骨組み）をいろいろな素材でつくることで多様なデザインに展開できる。

1

2

3

4

【 使用花材 】

アジサイ‘ホワイトディライト’、‘アーリーブルー’、オレガノ、千日紅、エキナセア、プレクトランサス、スマイラックスなど

【 準備 】

「小さな花束」ユニットをミズゴケで巻き、仕上げにギャザリング水苔できれいに巻き上げてパーツをつくる。このアレンジでは、23個ものパーツを作成した。

1　器の底部にギャザリング水苔を敷く。大きめの素材、背の高い素材から器に入れていく。

2　高さを調整し、バランスを取るために斜めに角度をつけて入れていく。

3　葉物だけのパーツを細かく用意しておくと雰囲気を作りやすい。向きを調整しながら動かしていこう。

4　グリーンの葉先を株間に通したり組み合わせるなど調整して仕上げる。外側を上部までギャザリング水苔でカバーして完成。

アレンジの組み直しが
自由自在。
イベントやギフトにも

離れてみると、情感あふれるアレンジメントに見えるが、近づくと丸いコケ玉が見えてくる。集めたり、分けたり、その時の気分でいろいろなアレンジができる。イベントの装飾やパーティ会場のセンターピースとして飾り、帰りに分けてゲストへのプレゼントにするなど楽しいアイデアが広がりそう。

6

ルーティブーケは、その名前の通り、根付きの植物でできたブーケ。清潔で持ち運びができて、どこにでも飾れる。ちょっとした手土産、贈り物やイベントなどでいろいろな可能性を持ったこれからの園芸手法。

ルーティブーケ

植物を器から解放する　生き続けるブーケ

ルーティブーケは、土をすべてきれいに取り除き、花束にするもの。鉢に入れるという制約はなく、持ち歩ける。どこか人の集まる場所に出かけるときは「手みやげ」として花を持って行こう。アレンジや寄せ植えと違って「ルーティブーケ」に器は不要だ。まさに植物を持ち歩くためにある技術だ。

ブーケとしてだけでなくインテリアとして広がる可能性

ルーティブーケは切り花のように今、楽しむために存在するだけでなく、分解して土に植え替えることで「これから先も生きていく」「未来へとつながる」思いを形にした花束。そんな思いをこめて友人に贈る、あるいはお客さまに提案したりできないだろうか。実は、何度もルーティブーケを軸にして結婚式で使う装花のすべてを根付きの植物だけで行う提案をし、実現してきた。花嫁の持つブーケを母親につくってもらった。両親に贈る「生きていくブーケ」などいろんなアイデアを盛り込んで花いっぱいの婚礼を演出できた。

ルーティブーケはこのように花束として使うことのほかにも可能性がたくさんある。たとえば、インテリアを飾るアイテムとしても自由度がある。ブーケをスタンドに乗せて棚に飾ったり、花器に入れてテーブルに飾ったりできる。このようにギフトやインテリアとして、まだまだ新たな空間・楽しいシーンを開拓できる可能性がある。ぜひできることを見つけ出してほしい。

Point

根は水で洗い流して土を取り除く。化学繊維でできたギャザリング水苔で根を巻き隠すこと

※ルーティブーケの通常の管理について、日中は水から上げて出しておくのがコツ。夜だけ水につけて吸水させる。そうすることで花瓶の水が汚れ根が腐ってしまうことを避けられる。ミズゴケを使わずにギャザリング水苔を使うのも水を汚さないため。

※ルーティブーケを土に戻す場合は、パーツをバラバラにして鉢や庭に植えつける。分けるのが難しい場合はそのまま植えて育てよう。

【 使用花材 】（左頁）

デンドロビウム（サマーナイトドリーム、サチ）、トラディスカンティア、バラ‘ティファニー’、ポトス‘エンジョイ’、アイビー‘翼’、ユーフォルビア‘アリエッタ’、コクリュウ、アスパラガス・メリー

切れのいい白がさわやか

かわいい緑の葉が揺れる ルーティブーケをつくろう

【 用意するもの 】

ギャザリング制作セット【トレイ（23号深型鉢皿）、バケツ2個】、ギャザリング水苔

【 使用花材 】

小さな白い花をつけたアンスリウム、ホヤ、ポトス、リッピア

【 準備 】

土はすべてきれいに取り除く。水の中で静かに根から細かい土を洗い落としていく。
長い根もそのままでよい。束ねた最後にまとめる。
株を分けられるものは根のほうからほどくように分けていく。観葉植物など太い根はハサミで取り除くこともある。作る前にしっかり吸水させておこう。

1ヵ月ほど経過し、ギャザリング水苔から外に根が伸びてきた様子。

1

2

3

1　セミ・キャスケードのブーケのように長いグリーンが揺れるようなルーティブーケをつくろう。手に持ったときにどのように見えるかイメージしながらつくる。

2　トップの一番見せたいところにかわいい白いアンスリウムとポトスからスタート。ブーケの下の方に流れをつけるリッピアを添える。手元にやさしいピンクのホヤを加える。さらに下方と手元にポトスを足す。長い素材を入れながらその都度葉に触れてなじませていく。

3　下部の調子が整ってきたら上からかぶせるようにリッピアとポトスを足し、手元にホヤを入れて組み上げる。

4　ハンドル部分の様子は前のページにも示した。根をうまく円錐形になるようにまとめたら、ギャザリング水苔で手元を軽く回し一度、荒く巻き下げていく。一番先端をきれいに巻き収めたら上部に向かってきっちりとまき上げて完成させる。

4

【 使用花材 】

上／フランネルフラワー、オステオスペルマム、ヘデラ‘白雪姫’、ネメシア‘サンザシア’、パンジー、アリッサム、プレクトランサス、オレアリア‘リトルスモーキー’、カラミンサ（ブーケのハンドル部分はわざと根を見せるようにした）

下／カラミンサ、インカビレア、スマイラックス、ポトス

右頁／ヘデラ‘白雪姫’、斑入りヤブラン、ビオラ、ハゴロモジャスミン、ワイヤープランツ、フクシア

ルーティブーケのラッピング

ルーティブーケは根のついた花や葉を束ねたブーケ。根があることで切り花とは異なるイメージを喚起できるという特長がある。それゆえ、根を隠してしまうことは、その特長が見えなくなる。78ページの作品のように根をそのまま見せるユニークなデザインもあってよい。ただ、花嫁が持つとき、ドレスを汚さないような配慮が必要になったり、ギフトで使う場合には、ラッピングが必要になる。用途や花の雰囲気に合わせてきれいにラッピングしてみよう。

1

2

3

【 使用花材 】

1／ポトス‘マーブル’、アジアンタム、デンドロビウム、アイビー‘雪ほたる’(広野園芸)
2／ポトス‘エクセンス’(浅岡園芸)、スパティフィラム、バラ‘ブルーヘブン’、ギヌラ、ロータス·ベルティロティ‘コットンキャンディ’、アンスリウム(白)、羽衣ジャスミン
3／ポトス、ヒポエステス、アンスリウム（ピンク）

Point

ドレスを濡らしたりすることがないように、持ち手の部分を食品用のラップフィルムなどで保水したうえでラッピングする。持ち手部分の形は多少悪くなるが、ギャザリング水苔をあまりきつく巻かない方が植物にとってよい場合がある。

Chapter 3

「ブーケ植え」の要点

管理とリメイク

ギャザリングの特長である「ブーケ植え」の要点と管理の仕方を学ぼう

1

花の取り合わせと「リメイク」

ここでは、植物の取り合わせについてのポイントをいくつか紹介したい。
基本は、常識にとらわれないで、新しい組み合わせを実際に試していくこと。

・柔らかく優しい動きのつる
・繊細で細やかな葉
・垂れ下がる姿
・たくさんの小さな花

・華やかな色・かたち
・目立つ大きな花をつけるもの

・細くてシャープな印象の葉
・弧を描くような線
・伸びやかな動き

・大ぶりの葉、質感の際立つ葉
・シルバー、ブロンズ、イエロー、ブラックなどのカラーリーフ

根鉢が小さいから角度をつけて合わせると上部がふんわり開く

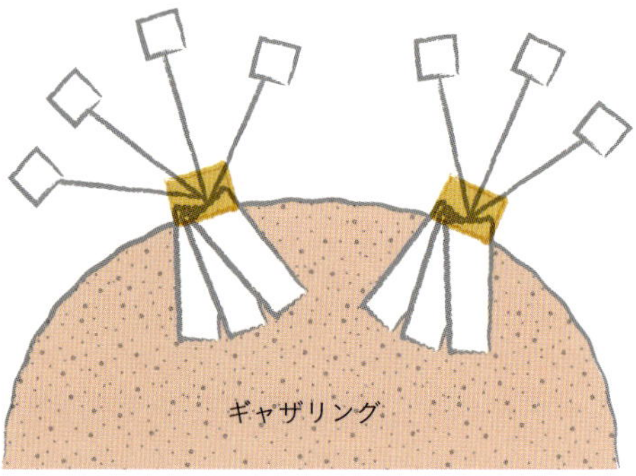

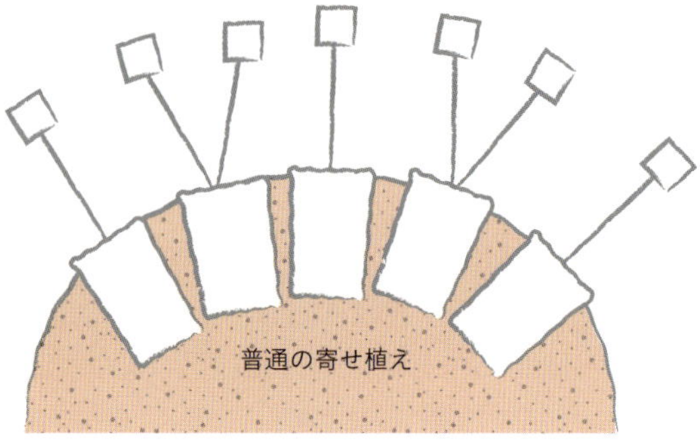

細かく株分けできるものは分け、場所を変えて使っていく。一つの植物それぞれの株元をミズゴケで保水し合わせたあとも厚めに巻くこと。

リメイクしよう

植えかえたい場所だけを抜いて交換できる。このウォールバスケットでは一番奥の花を交換した。

リメイク前

リメイク後

交換したい部分だけ変えられるのが「ブーケ植え」の特長。

2

植物の選びかた、組み合わせかたの発想軸

花や緑の苗。一年草、多年草、低木などいろいろな種類のものが9cmほどのポットで育てられ、手に入れることができる。それぞれの性質を知り、組み合わせて生かしていきたい。がっちりしたボリュームのよい苗、元気で強い苗を選ぼう。そのためにも産地や生産者をおぼえていきたい。

どんな作品をつくるか、その発想にはいろいろなポイントがある。ギャザリングでは、なにごとも自由、そして定番やお決まりの組み合わせをあえて外してみることをすすめている。そうすることで自分のなかにオリジナルな経験が貯えられていくことになり、それが力になっていく。

何を使おうか、と考えることも楽しいが、何を「使わない」か、を考えることも自分の方向性を決めやすい。たとえば、花苗にはいろんな色があってどれも揃えていろいろ作りたくなるけれど、たとえば、「白、ピンク、ムラサキ、青」の４色の系統しか使わないと決めると自分の作風、トーンというようなものができてくる。プロとしてやっていく人たちには、そのような作家性というのも必要だ。

先入観で決めないというのも大切だ。たとえば、植生をあえて無視してみる。たとえば、「いけばな」のように組みわせない。主役と脇役、真になるラインを中心に、といったいけばなの「型」を使わないようにする。つまり、すべての花と葉を等価に考える、樹木や宿根草を中心に植えないといったことをどんどんやってみるということだ。たとえば「秋」というテーマなら、なにも考えずに「秋だからオレンジ系」というふうにつくらない。例えば、「紫色」を中心とした秋のアレンジをよくつくる。それは和の色目、日本人が伝統的に感じ取ってきた色でもある。

植物の選びかた

○置き場所から

家庭で楽しむのか、商業空間なのかで装飾の目的が違ってくる。それに合わせて、テーマやデザインがあり花選びにつながる。冬には室内がテーマになるだろうし、夏は日陰になるような場所が植物にとって居心地のいい場所になる。

○植物の生育特性から

置き場所の環境を考慮して、そこで飾り、育てられる植物を選ぶ。日の当たりぐあいは特に重要。

○器から

器は置き場所によって選ぶ。器の材質（陶、木、石、プラスチック）や形、大きさに合わせて相性のよい物を選ぶ。器の高さによって同じアレンジでも見え方が違ってくる。台の上に載せるなどの一工夫で変わる。

○季節のテーマ

置かれる場所とともに重要なのは置かれる時期。あえて季節感を無視するという考えもある。一方で、商業空間や企画・イベント、広告の写真撮影といった目的のある装飾の場合はそれに合わせた花材選びが重要になる。いつごろどんな植物が市場に出ているのか興味を持とう。

組み合わせかた

○ 色から

花材選びが難しいときは、一色だけでまとめる、あるいは同系色で調和をはかる、といった組み合わせをすすめている。よく白に勝るものなしという。白を制するものは天下を取る。暖色系はほとんど使わないできた。観葉植物ギャザリングのように緑だけでも美しく見栄えのする作品ができる。グリーンの濃淡や階調を組み合わせるのはとても楽しい。もちろん、ときにはコントラストを強調した組み合わせもあっていい。

○背丈、形から

大きな鉢は水分を多く貯めてくれるので管理が楽になる。背の高い鉢には背の高い花材がバランスをよくする。一方で、こんもりとしたマウントをつくるには横に伸びていくような花苗が合う。花や葉の大きさや形の対比は互いを引き立て合い、人の目を惹きつける。葉に入った斑の美しさもアクセントとして積極的に用いる。主役と脇役を置かない、あるいは、「フォーカルポイント（視点を集める焦点）」をあえて作らない、といったことをやってみると、斑入りの植物がとても効果的に使えることが体感できると思う。多様な植物を編みこむように集めたギャザリングを目の前にすると、見る人はしばらく足を止め、花をよく観察するようになる。

定番の組み合わせをあえて外してみると新しい発見がある。カラーリーフや斑入りの葉はアクセントになり花として見立てることもできる。

3

日々の管理と手入れ

植物をコンテナで楽しむ基本は、制作、養生し、飾ってからの管理が大切になる。メンテナンスのポイントは、植物を健康に保つこと。すなわち、明るい光・水分・温度の３つが十分にあることが重要。屋内や雨のかからない場所での利用も多いコンテナでの園芸だが、できるだけ屋外に近い明るさのある場所に置きたい。人間が心地よいと感じる温度を植物も求めている。夏の直射日光を避ける、できるだけ風通しのよい場所に置く、雨に当てないといったことを心がけたい。水やりはもっとも重要なところだ。ギャザリングは園芸装飾として１か月から３か月くらいはきれいなままで楽しみたい。そのためには、しっかりとした日々の水やり管理が求められる。基本は「用土が乾いたらたっぷりと与える」ということだ。ギャザリングでは、いつも使用するミズゴケが乾くのでひとつの目安となるが、ミズゴケが濡れるだけで用土は乾いたまま、といった失敗をしないようにしたい。そのためには、じょうろなどで上から水を与えるよりも、トレイやバケツに水を張ってそこにしっかりと浸けて吸わせる、ということも有効だ。液肥を与えるときは水やりを兼ねて。大きめのコンテナの場合は水やり間隔が長くなる。与えるときにはたっぷりと水やりし下から流れ出るまで与えること。盆栽の世界では「梅雨時は傘を差しても水をやれ」という格言があるという。それだけ「やったつもり」にならないこと。

と、ここまで一般的な手入れのポイントを書いたが、ギャザリングでは、できるだけローメンテナンスである、ということを目指したい。そのほうが、めんどうが少なくなり、より多くの人に植物に親しんでもらえる。先にも書いたが、まず大きめのコンテナで植えていくということには利点が多い。鉢が乾きにくくなり水やりの回数を減らせるし、鉢内の環境も安定するので植物にとっては居心地がいいということになる。台の上に置くことで花との目線が近づくと同時に管理するときに体を屈めなくて済むようになるのもいい。ギャザリングは多様な植物をひとつに集めたものだからこそ、毎日触れて楽しんでほしい。花がらを摘んだり、黄色くなった葉を取ったり、切り戻したりすることで最初につくった「きれい」は長持ちする。水やりも葉っぱやミズゴケに触れて乾燥ぐあいを感じ取りながら調整する。植物に触れることは人によい影響を与えてくれるから日々の触れ合いをぜひ楽しんでほしい。

商業空間でのギャザリング管理

商業施設のエントランスや通路、デッキやバルコニー、あるいは、展示会やイベント会場。このような商業スペースではいつもきれいにしてたくさんの人を気持よくお迎えするために花が求められている。これらの花はただきれいであるということ以上に、お店のイメージアップと商売繁盛につながるように心がける必要がある。一度、店舗の前にきれいな花を置くと、それがなくなるととても寂しく感じられ、無機質な空間には戻せなくなる。それだからこそ、「きれい」の継続がとても重要だ。ビジネスとしてギャザリング作品を展示するとき、一度設置した場所で継続的にメンテナンスを行うのもよいけれど、１週間とか10日で鉢ごと全部入れ替えてしまうという考え方もある。この考えかたに沿って価

考え方

1、常識を鵜呑みにしないで自分で試してみる。まず、ルール、セオリーを疑ってみる。

2、日常的に植物を試す。圧倒的な量でストレステストをし、データを貯めていく。

3、失敗しても成功しても、「なぜ」を考えすぎないこと。

4、レシピをつくらない。二度と同じ作品はつくらない。いつもアドリブ。

5、「きれい」が先、利益は後。価値とは作品がきれいであること。まず、きれいな作品をつくり、それを生かそう。きれいには限りなし。

6、花材はアーティストにとっての絵の具。生産者を大切にする。高くてもよい資材を手に入れ、手入れして長く使う。

7、「金太郎飴」のような作品をつくる教え方はしない。お客様には失敗をさせない。

格やサービスの取り決めをする。

街のケーキ屋さんやカフェ、病院や公共施設の玄関はもちろん、近年増えている大型のショッピングモールなどの屋内空間が大きくなってきていて、そこに大型のコンテナをギャザリングで飾るといった事例が今後ますます増えていきそうだ。パブリックな空間に枯れたようなコンテナがいつまでも放置されているのは問題外だが、「いつかきれいになります」という寄せ植えも商業空間ではものたりない。より多くの場所で、華やかなギャザリング作品を提案し、「いつもきれい」を維持できるようにしていきたい。

夏や冬の管理について

夏場は、蒸れやすくなるので、できるだけ葉をとるなどして通気性を良くする。夏場は明るい日陰になる場所が植物にとってとても居心地のいい場所になる。秋に咲くものは思い切って切り戻してもよい。鉢にキャスターをつけて移動するなどして雨には当てないようにする。動かせるのがコンテナ・ガーデニングのよいところ。冬場は凍るような寒さに当てない。鉢の中央に長い棒を挿すなどしてそこを支柱にシートのようなもので覆うなどして霜除けをつくる。

培養土を「ベラボン」にしているのは、防寒対策でもある。ベラボンは凍りにくく東北以北の地域などではその後のよい生育につながっている。

日本の北から南まで各地での管理

南北に列島が連なる日本では地域によって気候の状況が大きく異る。とくに気候の厳しい夏と冬。それに最近の猛暑、大雨、台風、雪といったさまざまな局地的な異常気象にも対応しなくてはならなくなっている。それでも、できるだけ園芸をやらない時期をつくらないようにしたい、という思いがある。インドアも含めて知恵を出しあって、花や緑がつも身近にあるようにしたい。ギャザリングの仲間は全国にいる。使っている資材やちょっとした工夫などそれぞれの地域でやっていることを教えあってもらいたい。

Chapter 4

ギャザリングの多様な世界

ただひとつの技術から広がる表現の可能性

1 2
3

【 使用花材 】

1 スカビオサ、ライスフラワーピンク、ネメシア、ビオラ、オレアリア‘リトルスモーキー’、羽衣ジャスミン、アイビー‘白雪姫’（広野園芸）

2 セリンセ、シレネ・ユニフローラ、フロックス‘ブルー’、カンパニュラ、斑入りベロニカ‘ミッフィーブルート’、宿根かすみ草、タマクルマバソウ、ティアレア

3 すずらん‘ドリーン’、ラミウム、ヒューケラ、コルジリネ、バラ‘レンゲローズ・八女津姫’

4

5

4　クレマチス、ペチュニア、イベリス、アルテルナンテラ‘千日小坊’、宿根バーベナ、アイビー

5　アジサイ‘シティライン’、和ペチュニア‘あずき’、コクリュウ、ヘーベ‘ハートブレイカー’、リシマキア、レプトスペルマム、ティツリー‘コッパージェーン’、ユーカリ、ミカニア

【 使用花材 】

6　四つ葉クローバー、シレネ、アレナリア

7　キッチンアジサイ、プテリス、ヘンリーヅタ、ヘデラ‘雪ほたる’（広野園芸）

6

7

8　9

10

8　ローズマリー、バラ一重‘ナナコ’、シンフォリカルポス、ペルネチア、羽衣ジャスミン、ランタナ、リシマキア、プラティーナ‘クッションブッシュ’

9　前　アマリリス、ハーデンベルギア、八重咲きアネモネ、ジュリアン２種、アリッサム、ヘーベ２種、イベリス
後ろ　ママリリス、ヒノキゴケ、グリーンネックレス

10　オステオスペルマム、ラグラス、スカビオサ‘エコーブルー’、アレナリア、スマイラックス、プロスタンテラ‘ミントブッシュ’、イベリス大輪‘マスターピース’

【 使用花材 】

11　プリムラ、ビオラ、プラティーナ‘クッションブッシュ’、ワイヤープランツ

12　ポットギャザマウント　マーガレット、シルバーレース、ハゴロモジャスミン、バラ、花かんざし

11

12

13

14

13 レウィシア、アリッサム、羽衣ジャスミン、キンギョソウ、ヘリクリサム、ピティロディア‘フェアリーピンク’

14 (白鉢)
パフィオペディラム‘ビニカラー’、サンセベリア‘ファーンウッド’、ラゴディア・ハスタータ‘ホワイトソルトブッシュ’、ヘリクリサム‘シルバースター’、ロベリア‘オックスフォードブルー’
(手前ハイジ鉢)
アネモネ‘凛々花リリカ’リシマキア‘ペルシャンチョコレート’、ヘデラ‘白雪姫’、フチンシア‘アイスキューブ’、プリムラ・ポリアンサス‘プリンセスオブローズ’、ベロニカ‘グレース’、イベリス・センパビレンス‘ゴールドシュガー’、アリッサム、ヘリクリサム‘シルバースター’

16

【 使用花材 】

15　キッチンアジサイ ‘ブルー’、ベゴニア・レックス、ラミウム、プテリス、ヘンリーヅタ

16　オダマキ、リクニス、ヒューケラ、スカビオサ、ブラキカム、シレネ、タイム、カーペットカスミソウ

観葉植物《リーフ》ギャザリング

1

ブロンズ、ブラック、ホワイト、シルバー、イエロー。現在、市場流通している観葉植物にはすてきな色や形をしたものがたくさんある。多様な植物の葉だけを集めたプランツ・アレンジは植物の新たな魅力を教えてくれる。ギャザリングでよく使う素材として特に注目したいのは「斑入り」の葉。「斑」には色と模様のバリエーションがたくさんある。白やピンク、赤などはっきりとした色は、花のように見立てたり、リボンのように使ってみたり、面白く活用できる。

2

3

【 使用花材 】

1 ヘデラ‘こぐまの足音’（広野園芸）他２種、花オレガノ‘ユノ’、ポトス‘エンジョイ’、
ホヤ、フィットニア、斑入りワイヤープランツ

2 グラプトペタラム‘シュウレイ’（多肉植物）、ポトス‘エクセレント’‘パーフェクトグリーン’‘ライムコンパクト’、ピレア・デプレッサ、グレゴマ、スウェディッシュアイビー‘ゴールデン’、ペペロミア‘麻亜子’、ロータス・ベルティロティ

3 （後）
アンスリウム（カワイ園芸）、ポトス‘ステータス’‘ライムコンパクト’（浅岡園芸）、スパティフィラム、ドラセナ・コンシンネ
（手前）
ポトス２種、ドラセナ・コンシンネ、ソテツ

フラワーポット
ギャザリング
ナチュラル・マウント

1

2

【 使用花材 】

1　あじさい（赤）、オステオスペルマム、ビオラ、キンギョソウ‘ブロンズドラゴン’、アイビー、ルメックス・サンギネウス、ペラルゴニウム

2　（背の高いポット）
アイビー‘雪の妖精’、アリッサム、フリフリビオラ、ビオラ、オレアリア‘リトルスモーキー’、リシマキア‘シューティングスター’、クリサンセマム‘アフリカンアイズ’、クローバー
（マウント）
ビオラ‘しんしん’、‘フリフリビオラ’、斑入りタイム、アリッサム、キンギョソウ‘ダンシングクイーン’

3　コチョウラン‘アマビリス’、スイセン、姫ウツギ、コクリュウ、ユーカリ・ポポラス、アジアンタム、ティランジア・ウスネオイデス

4

5

【 使用花材 】

4　パンジー、ガーデンストロベリー‘四季成りイチゴ’、アリッサム２種、ヘリクリサム、羽衣ジャスミン、斑入りワイヤープランツ、シロタエギク‘ダスティミラー’、斑入りベロニカ‘ミッフィブルート’

5　ネオレゲリア、ペペロミア、ペロペロネ‘エビーナ・アンナ’、中国ラン‘ホドリータ・チャイネンシス

6

7

6　クレマチス・ペトリエイ、リシマキア、パンジー、バラ‘グリーンアイス’、ライスフラワー、チョコレートコスモス、キンギョソウ‘ブロンズドラゴン’、シレネ・ブルガリス/マンテマ‘ナッキーホワイト’、オレアリア‘リトルスモーキー’、カラミンサ・グランディフローラ

7　スカビオサ、クレマチス・ペトリエイ、ビオラ、リシマキア、アリッサム、ネモフィラ、羽衣ジャスミン、マーガレット八重‘マルコロッシ’、ロータス‘ブリムストーン’

【 使用花材 】

8　オステオスペルマム、ビオラ、アリッサム、ネメシア‘ニモ’、ワイヤープランツ、羽衣ジャスミン、フクシア斑入り、オレアリア‘リトルスモーキー’、ローダンセマム(白)、スクテラリア‘ブルーファイアー’

9　10

9　キンギョソウ‘ブラックプリンス’、スキミア・ルベラ、カルーナ、ケイトウ‘スマートルック’、ダイアンサス‘クリムソン’、オレガノ、オレアリア‘リトルスモーキー’、チェッカーベリー

10　フランネルフラワー、ミニバラ、ヘデラ、シッサス‘シュガーバイン’、ネメシア‘メーテル’、オレガノ‘ケントビューティ’、カラミンサ、ペチュニア‘プレジャーシリーズ’、ヒポエステス

11　12

【 使用花材 】

11　バラ‘テディベア’、ブルーデージー‘金星’、オステオスペルマム‘白’、コプロスマ、ルブス‘ナワシロイチゴ・サンシャインスレンダー’、バロータ・キャンディア、フィカス‘シャングリラ’

12　パンジー（It’s collection から）、ふんわりビオラ、アリッサム、ナデシコ、シルバーレース、ダイアンサス‘ピンクキッス’、アイビー‘白雪姫’、オレアリア‘シルバーナイト’

13　ストック、ヒューケラ、アベリア、
カルーナ、斑入りヤブコウジ、プラティーナ‘クッションブッシュ’、
羽衣ジャスミン、コクリュウ
清水順子作　陶器鉢

13

【 使用花材 】

14 ベゴニア（花）2種、ペンタス白、斑入りペチュニア‘サマーホワイト’、クラッスラ・クーペリー、ラミウム、レックスベゴニア、ユーフォルビア‘ダイヤモンドスター’、アイビー‘白雪姫’、アイビー‘ニューヘデラ・ホワイトベー’、シュガーバイン

15 （ポット）
パンジー、ユーフォルビア‘ブラックバード’、ミニバラ‘プリンセスオブインフィニティ’、オレガノ‘ユノ’、ビート‘ブルズブラット’、ミニバラ‘グリーンアイス’、ロータス‘ブリムストーン’
（リース）
リシマキア‘ミッドナイトサン’、ミニバラ‘グリーンアイス’、ビオラ

14

15

16

17

16　バラ、ビオラ‘しんしん’、オレガノ、ポリゴナム、斑入りヤブコウジ、プラティーナ‘クッションブッシュ’、アリッサム

17　ビオラ、オレガノ、ディコンドラ、シロタエギク、アベリア、オレアリア‘リトルスモーキー’、プラティーナ‘クッションブッシュ’、シンフォリカルポス

【 使用花材 】

18 (手前)
ミニペチュニア‘ヴァルゴ’、ベゴニア‘アールヌーボー’、バラ‘レンゲローズ’、スミレ、ビオラ・ラブラドニカ‘黒葉スミレ’、ユーフォルビア‘ダイヤモンドフロスト’、シルバーレース、ルブス‘ときわいちご’、コクリュウ、カーペットカスミソウ、アリッサム‘スーパーアリッサム’
(後ろ)
アジサイ‘伊予獅子’、バラ‘グリーンアイス’、アイビー、ディコンドラ、ベロニカ、シレネ、リシマキア‘ミッドナイトサン’、ロータス‘コットンキャンディ’、ロペシア

19 アルテルナンテラ‘千日小坊’、パンジー、ユーフォルビア‘ダイヤモンドフロスト’、アサギリソウ、赤葉センニチコウ、メキシカンセージ、イポメア‘ライム’

18

19

20　クレマチス・ペトリエイ、リシマキア、スカビオサ、ビオラ、アリッサム、ネモフィラ、ハゴロモジャスミン、マーガレット‘マルコロッシ’、ロータス‘ブリムストーン’

リース

1

2

【 使用花材 】

1　コケサンゴ、セダム、アジュガ、アイビー雪ほたる、サントリーナ、カレックス、ハツユキカズラ、セラギネラ

2　アイビー、コニファー、プラティーナ、ポーチュラカ

3

4

3　ぞうさんビオラ（ムラカミシード）、斑入りトウガラシ、ロータス‘ブリムストーン’、プラティーナ‘クッションブッシュ’、オレアリア‘リトルスモーキー’、アイビー、モクビャッコウ‘銀葉’

4　コニファー（ウィルマ、エンパイヤ、シルバースター）、ミニバラ、ペルネチア、ハツユキカズラ、コクリュウ、プラティーナ‘クッションブッシュ’、カルーナ

5

6

【 使用花材 】

5 ペチュニア、クレマチス ‘カートマニージョー’、ヒューケラ、斑入りワイヤープランツ、ヘデラほか

6 プレミアム・ジュリアン、ビオラ、イベリス、シロタエギク、プラティーナ、羽衣ジャスミン、アイビー ‘雪ホタル

7

8

7 プリムラ‘スパークリーブルー’(童仙房)、イベリス白、ヘリクリサム‘トリノ’、マーブルストロベリー、フェスツカ・グラウカ、ヘデラ‘雪まつり’、羽衣ジャスミン

8 アサギリソウ、ビオラ・ラブラドニカ‘黒葉スミレ’

ウォールバスケット

1

2

【使用花材】

1　手前
ニチニチソウ３種、ペチュニア、トラディスカンティア、ユーフォルビア‘ダイヤモンドフロスト’、ほか
壁
ペンタス、フィットニア、ペチュニア‘ジュリエット’、‘チョコペチュホワイト’、トウガラシ‘パープルフラッシュ’、アルテルナンテラ‘レッドフラッシュ’(浅野園芸)、ユーフォルビア‘ダイヤモンドフロスト’ほか

2　フリンジシクラメン、チェッカーベリー、とうがらし、カルーナ、プラティーナ‘クッションブッシュ’、斑入りヤブコウジ、オレアリア‘リトルスモーキー’、斑入りアベリア

3　中輪パンジー‘ナチュレ’、ビオラ、ガーベラ、アリッサム、宿根ネメシア、ラミウム、ヘリクリサム、ウエストリンギア、斑入り羽衣ジャスミン、フォックスリータイム、ヘデラ

さまざまな作例

【 使用花材 】

1　プリムラ、スイートアリッサム、シロタエギクほか

2　プリムラ‘アボカドキャンディ’、宿根ネメシア‘エレーヌ・モモコ、ビオラ‘ヌーベルバーグ’、ヘデラ‘白雪姫’‘雪ほたる’、斑入りワイヤープランツ、ヘーベ‘ハートブレイカー’

3　前　宿根ネメシア、ブルーデージー、ラミウム、ローズマリー、ユーカリ、クローバー、ネモフィラ、オステオスペルマム
横1　フレンチラベンダー、オレアリア‘リトルスモーキー’、バコパ、ローダンセマム‘マーキュリー’、タイム、ブラキカムP
横2　ブルーデージー、マトリカリア、ラミウム、オステオスペルマム、タイム、カモミール、ヘーベ‘ハートブレイカー’、ロータス‘ブリムストーン’

1

2

3

カラー、ツリージャーマンダー、ペロペロネ·エビーナ、カラミンサ、プラティーナ、アイビー‘白雪姫’

マーガレット、ハゴロモジャスミン、クレマチス・ペトリエイ、ハツユキカズラ

【 使用花材 】

サキュレント‘ホワイトスプライト’、‘ファンファーレ’、‘ラディカンスバナナ’（以上ブロメリア・ギフ）、セダム ‘リトルミッシー’、‘アクレアウレム’以上ブリリアントグリーン

【 使用花材 】

上　ストレプトカーパス、バラ‘グリーンアイス’、コクリュウ、ペペロミア、セダム、アジユガ

下　(大) ドドネア・プルプレア、ユーフォルビア‘ダイヤモンドフロスト’、マサキ、ヘリオトロープ
(小) ペペロミア、トラディスカンティア、ピレア、ワイヤープランツ
(リース 35 Φ) トウガラシ、フユサンゴ、ヒューケラ、チョコレートコスモス

ルーティブーケ

【 使用花材 】

1　コクリュウ、インカビレア、ポトス、ストレプトカーパス、スマイラックスほか

2　ディコンドラ、オレガノ、アイビー、オルトシフォン‘キャッツウィスカー’ほか

3　ポトス、トラディスカンティア、ホヤ、スパティフィラム（斑入り）

1

2　3

4 デンドロビウム‘サチ’（サノ・オーキッド）、スパティフィラム斑入り、ポトス２種（浅岡園芸）、斑入りヤブラン

5 バラP、アジサイ青、ポトス、カレックス、アスパラガス、ヘリクリサム

6 ベゴニア・レックス、スパティフィラム斑入り、ポトス、カレックス

5
4 6

【 使用花材 】

7　デンドロビウム‘サチ’(サノ・オーキッド)、ミニコチョウラン２種、ポトス、アイビー、プテリス

8　パフィオディラム、スパティフィラム斑入り、ポトス、トラディスカンティア、斑入りヤブラン

9　広野園芸オリジナルアイビー７種(白雪姫、雪の妖精、雪ほたる、モコモコ、翼、さざなみ、ピュアフレンチ)

10　アンスリウムミニP、スパティフィラム斑入り、デンドロビウム‘サチ’(サノ・オーキット)、カラジウム、アイビー、アスパラガス

11　スモークツリー、アロカシア・アマゾニカ、パフィオペディラム、ダリア（切り花)、アイビー、フィロデンドロン、トラディスカンティア

7

8

9

10

11

Column

輸送と荷造り

つくった作品を運ぶ。輸送をどうするかは、ショップや工房で作品が完成したその時点で起きる問題。自分で車に積んで運んだり、だれかに運んだりしてもらう場合もある。ポイントをいくつか紹介し、「球根ボックス」を利用したウォールバスケットの箱詰めについて紹介する。

輸送と梱包のポイント

1、作品をベースに入れて「固定」する。その「ベース（土台）／内枠」自体を一回り大きな保護パッケージの中に入れて固定する。一度ベースにしっかり固定するのがポイント。

2、ベースにつかうトレイやケースは、手に入りやすい既成品からうまく見つけ出して利用する。園芸関連の資材などを見てみよう。

3、宅配便などで送る場合はケースが倒されても壊れないようにしっかりと保護剤／クッションを入れて押さえる。「植物」であることが分かるように明記するとともに中身が見えるようにするとより注意をうながしやすい。

○植木鉢型の場合は、花鉢や切り花アレンジを送るのと同じ方法で、器の上下を固定。

○バスケット、鉢から水などが染み出さない

1

2

3

4

1　底面になるボックスの中にバスケットを入れ、側面にしっかりと密着させる。

2　結束バンドで掛け穴とボックスをしっかりと留める。結束バンドが短い場合は２本つないで使う。

3　器が側面に密着し、また、底面にしっかりと押し付けられるように結束する。これで動かないかどうか確認すること。

4　動かないことを確認したらフタになるボックスをかぶせてサイド４面を２か所ずつ結束して完了。

ように底面はシートなどで防水対策をする。
○鉢の上部と最下部の２か所をぐるりと横方向からしっかり固定する必要がある。下部を留めるのは鉢物配送用のダンボールに入っている仕切りのような形のものでよい。
○中の仕切り（押さえ）は、鉢の上部ぎりぎりの高さまで持ってきてテープでしっかり固定。緩衝材も箱の上部で固定するといい。
○リースなどを送るときは外カバーと内枠の２つのパーツで考える。まずダンボールで内枠を用意し、結束バンドなどでリースをカバーしながらしっかりと留める。そのパッケージされたダンボールを外箱におさめて動かないように留める。
○多肉植物ギャザリングの場合は、植物の間にしっかりとミズゴケなどを詰めて動かないように仕上げたのち、プチプチ梱包材（エアキャップ）などで全体を包むように押さえこむといい。

全国のギャザリング・ネットワーク　～生産・資材・流通・作品制作・展示装飾・販売・教室～

【生産者】

すみれの栄花園

小川賢治　東京都八王子市

30年以上前から日本スミレの園芸品種を専門にポインセチアなど花苗、花鉢を生産。切花デザインの感覚を生かしたギャザリングの普及にも力を入れる。

香川園芸

香川昭広　東京都あきる野市

ビオラ、アリッサム、ペチュニア、ビンカなどの花苗を生産。明るく柔らかい色合いのものが多い。"花は華やかに"。ビオラのオリジナル育種も始めた。

秋田緑花農園

秋田茂良　東京都東久留米市

花で人の心を癒やしたい。そんな気持ちで優しい花を育てる。ゼラニウム、ヒューケラ、ほうき草、葉牡丹などが中心。

あんだち園芸

安達勝司　千葉県市原市

千葉の市原市で花苗を生産している。ストレプトカーパス‘アンジツカ’、ペチュニア‘アンペチュ’星咲きなど。オジリナルな花を求めて日々研鑽。

花越 -hanao-

越阪部裕司　埼玉県所沢市

シクラメン、野菜苗、季節の花苗を生産。大人カワイイ、落ち着いたニュアンスのある花で色合せを楽しんでほしい。花で笑顔が広がるように。

（有）林園芸

林 博俊　群馬県沼田市

贈答用のシクラメンの花鉢を中心に様々なポット苗を生産。低木や山野草の要素のある草花も人気。ギャザリングを学んで世界が広がっている。

スタジオ K&C

鈴木克彦　鈴木千絵　愛知県田原市

とても品質のよい紫陽花を生産する。夫婦ともに建築家という異業種からの転身。数よりも質にこだわる。新しい感覚での花づくりが楽しみ。

岡田緑花

岡田成人　愛知県田原市

ポインセチアを中心にアジサイ、ニューギニアインパチェンス、エキザカム、ロココ・コクリュウなどを栽培。土を使わない栽培法も開発

渡会園芸

渡会卓也　愛知県田原市

渥美半島でシルバーリーフプランツをメインに各種苗物の生産を行っている。プロテアなど新しいものにも取り組む。

浅岡園芸

浅岡宏明　愛知県安城市

新しい感覚で緑のある暮らしを提案する。各種観葉植物、オリジナル品種のポトスがルーティなどいろんな作品で活躍。

広野園芸

廣野有香　愛知県知多半島

ヘデラ‘白雪姫’をはじめオリジナルヘデラをメインに育種生産をおこなっている。

（有）浅野園芸

浅野寿晴　岐阜県岐阜市

フランネルフラワー、ミニカーネーション、オリジナルなオステオスペルマム、ライオンロック、フェリシア、ブラキカムなどが人気。

有限会社 角田ナーセリー

愛知県一宮市

花苗、切り花苗、野菜苗を中心にオリジナル品種の育種生産で有名。‘千日小坊’‘千日小鈴’‘沙漠の宝石’‘ヒデンス天使のきらめき’‘白い天使のいちご’など。

有限会社 アボウオーキッド

吉村純子　岐阜県中津川市

森の妖精と呼ばれるラン、リカステの専門農家。リカステのほかにもいろいろなラン類を育てている。園芸店もやっている。

鈴木花卉園

鈴木美賀　三重県津市

花壇苗生産。一年草を中心に多年草、リーフ類、多肉植物、セダム類等いろいろと栽培している。

藤田植物園　童仙房ナーセリー＆ガーデン

藤田善敬　大阪府八尾市

クリスマスローズ、紫陽花、カルーナなどオリジナル品種を手がける。関西のギャザリングチームのとりまとめ役。

飯塚農園

飯塚広光　島根県出雲市

多肉植物各種、センペルビブムなどを生産。発色の良いもの、コンパクトに締まったものを目標に周年生産している。

（有）見元園芸

見元富子　高知県高知市

育種・生産を手がけ、パンジーやクローバーなどオリジナル品種の花苗を生産・販売する。ガーデンリビングトミーの庭では、雑貨販売やお教室も開いている。

内山園芸

内山輝亮　　福岡県久留米市

ブルーベリー、バラ、リーフ系の苗を生産。とくにキキョウラン、ウエストリンギア、トリノなどおすすめ。ギャザリングを通して花の活用法を学んでいる。

モスカンパニー

吉田育子　宮崎県延岡市

宮崎県延岡市行縢（ムカバキ）町の自然豊かな森で育てるきれいなコケ。自然を感じさせるさまざまな演出に必須の素材。苔のことならなんでも尋ねてほしい。「苔育」も推進。

辻川園芸

辻川穂高　大阪府大阪市住吉区

1、２年草の花苗、野菜苗等の生産と販売

（株）寛芳園

奥田健太郎　愛知県稲沢市

ギャザリングで使いやすいパンジー、ビオラ、ペチュニア、アリッサムなどのほか、多肉植物、セダムを生産。

ブリリアント・グリーン

川瀬良樹　岐阜県瑞穂市

人気のセダムなど多品種の多肉植物の苗、観葉植物などを生産。細かな品種ごとにラベルをつけて出荷している。アレンジを楽しんでほしい。

※花苗等の生産品目、資材等は市場出荷、流通がメインのため一般のかたへの小売りはしていない場合が多いことご了承下さい。

園芸培養土、器、資材、卸売会社（ギャザリング作家含む）

培養土「苗やさん培養土」　花・野菜苗生産直売のお店 苗やさん

川井孝幸／愛知県一宮市
◎自社で野菜苗、花苗を生産するそれと同じ培養土が人気。ギャザリングに最適な培養土を生産。

ヤシの実チップ「ベラボン」　株式会社フジック

伊藤田鶴子／東京都板橋区
◎発売から 35 年。植物を健康に育てる最高の植物素材。
フリーダイヤル 0120-15-8403

【卸】花苗卸 Benriya

児玉広紀 / 北海道札幌市白石区
◎北海道地域の園芸店等の店舗へ花苗を卸売りする便利を提供する。

【卸】有限会社フラワーステーション山形

後藤隆之／山形県西置賜郡飯豊町　寄せ植え担当 山口陽子
◎主に東北地域の園芸店等の店舗へ花苗を卸売りする会社。

【器・資材】株式会社師長商店

愛知県春日井市
◎店舗品質とデザインセンスのある器や園芸関連資材を製造販売するメーカー。

【陶器】株式会社山兼製陶所

葛原章年・準子 / 滋賀県甲賀市信楽町
◎伝統ある焼き物の街、信楽で花器専門の窯元を営む。ギャザリングに合うオリジナルの花器もつくることができる。器と植物、今後のコラボレーションが楽しみ。

【卸】株式会社レークサイドナーセリー

中島孝司 / 滋賀県栗東市
◎主に関西地域の園芸店等の店舗へ花苗を卸売りする会社。

全国ギャザリング作家リスト ～個人や企業、店舗として作品をつくる人々～

店舗・アトリエでは花苗を入手できたり、ワークショップが可能なところもあります

北海道地区

ガーデンショップきこうえん　桜木美貴子、伊藤登美子／北海道函館市
株式会社　岩佐商会　岩佐愛／北海道函館市
ラフェドフルール　山上明美／北海道北斗市
ガーデニングショップ　sora　瀧口利佳／北海道札幌市
atelier garden miu　高橋ひとみ／北海道旭川市
株式会社オホーツク園芸花卉販売部　グリーンライフ花音　嘉野左代子／北海道網走市

東北地区

坂内文子　福島県会津地方
花カフェ 花音　大場育／宮城県栗原市
ブリキのかえる　関根由美／福島県須賀川市

新潟・北陸地区

バーンズガーデンセンター／ガーデニングプラザ　株式会社総合園芸　徳本真一／石川県野々市市
花のギャラリー WAKOH ／株式会社和光造園緑地建設　田中志幸／新潟県小千谷市
フレンズ／株式会社グリーンプラザ　石川じゅんこ／新潟県新潟市中央区
お庭とお花　はなんぼ／（有）勝樹園　みずのともこ／新潟県五泉市

関東地区

あとりえ・はな模様　せとぐちよしこ／東京都武蔵野市
フラワーショップ　好樹　井田義彰／東京都小平市
ギャザリングオーダーの Ribbon Ribbon Flower　野田とも子／東京都西多摩郡日の出町
S Office Garden（オープンガーデン）　大貫茂子／神奈川県厚木市
You プランニング　さとうゆう子／千葉県
フラワーショップ　いなとめ　稲毛隆行／千葉県松戸市
フェアリーガーデン　柴田しず江、柴田育美／茨城県那珂市
wabisuke　鹿島智恵／茨城県
有限会社　とちぎ園芸　富久田三千代、益子裕／栃木県宇都宮市
PLANTS ART WORKS　鈴木達也／埼玉県川口市
フィオリスタ プント．　町田ナオヒサ／埼玉県さいたま市
フローラル コフレ　家久来聖子／埼玉県さいたま市
小泉フラワー　小泉徹／埼玉県三郷市
プランツライフ　原田玲子／埼玉県春日部市
IN NATURAL イオンレイクタウン店　松永恒青／埼玉県越谷市

関根園芸 有限会社　関根久恵／埼玉県春日部市
フラワーショップ　ブルーモルフォ　森田真樹／埼玉県深谷市
プロヴァンス　花ぎふと＆生活雑貨　山口みち子／群馬県富岡市
有限会社べるバラ　高櫻朋美／群馬県太田市
宮下ゆみ　山梨県富士吉田市
八ヶ岳高原の花畑　花遊び　早川とし子／山梨県北杜市
花と雑貨の店　ガーデン CoCo　大塚芳子／埼玉県上尾市

静岡中京地区

ガーデニング工房たんぽぽ　小川由惠／愛知県名古屋市名東区
花の店　山ぼうし　前田美香／静岡県三島市
株式会社百姓園　松本知子／静岡県牧之原市
プチフルール／グリーンサプライ新緑園株式会社　安間秀仁、井村寿美代、寺田直美／静岡県浜松市、袋井市
河野あかね　愛知県田原市
Mio Fairy 花とムレスナティー＆薔薇雑貨の店　小笠原美代子／愛知県西尾市
BelleEpoque(ベルエポック）　藤巻悦子／愛知県岡崎市
丸中植木園　中村奈々子／愛知県西尾市
寄せ植え工房　はみんぐバスケット　横井千佳／愛知県名古屋市緑区
庭香　Niwaca　大塚小秩子／愛知県名古屋市緑区
toit rouge トワルージュ　浅沼利恵子／愛知県名古屋市名東区
green shop　WALDEN　佐藤幸子、樋口美奈子／愛知県知立市
デザイン専花　Mori Bana　建部ゆき枝／愛知県東海市
フラワーデザイン　Do ut des　ドゥデス　大淵郁子／岐阜県岐阜市
花創人　はなそうにんガーデニング教室　尾関純子／岐阜県各務原市
花屋 ふた葉　古賀健介／岐阜県各務原市
green thumb ～草の根～　植林健一／愛知県豊橋市
花工房 SAKAI　境明美／静岡県菊川市

関西・三重和歌山地区

mama's garden　牧野博美／奈良県奈良市
chouchere (シュシェル)　水谷純子／三重県鈴鹿市
はなの樹　新家佑香／三重県松阪市　松阪まなび野の森内
Familie ＊（ファミーリエ）　片芝眞奈美／三重県名張市
garden keeper（庭守人）　小林左知子／大阪府池田市
和み園芸 お花と園芸資材の個人宅配　杉原涉／大阪府高槻市
クリスマスローズ専門店（ショップ童仙房）　大友由美子／大阪府枚方市
はなつむぎ　株式会社みつわ花壇　松英樹、松真紀／大阪府大東市
ガーデニングプラザ 花らんど　松村幸子、松村宏美　／大阪府大東市
ガーデニング教室グリーンオフィス　ベルデ　吉田完深／大阪府八尾市

モンディマンシェ mondimanche　川江正美／大阪府八尾市

R.S.G ストックファーム　阪上登貴、阪上萌／大阪府泉南郡熊取町

アトリエ　漣　柿原三智子／兵庫県芦屋市、大阪府阪南市など

Flowering Quince　フラワリング クインス　太田真理子／兵庫県芦屋市

クリスマスローズのお店　はんなりファーム　四方美希／京都府京都市北区

株式会社岩城生花店　岩城久美子／京都府京都市山科区

花と緑の店　ロビンガーデン　峰山美保子、中村華子／京都府長岡京市

株式会社吉本園芸　フラワーパークヨシモト　吉本衣里／和歌山県和歌山市

(有) フラワーアート　ポカラ　奥康子／和歌山県和歌山市

寄せ植え通販専門店　プランテプランテ　計盛智美／兵庫県尼崎市

園芸屋たなか　田中正之／兵庫県尼崎市

モナガーデン (有) 中西園芸　中西元春／兵庫県宝塚市

株式会社錦幸園　山本ちづる／兵庫県三田市

ブーランジェリー　ルフィアージュ　福田佳子／兵庫県南あわじ市

中国四国九州地区

ヒロミフラワー　岩本弘美／広島県広島市安佐南区

花いずみ　川上水晶／山口県下関市

さくら造園＊ conimamagarden ＊　植田訓子／山口県下関市

元気彩園（WEB 販売・楽天市場「寄せ植え」販売 1 位）　本間史朗／山口市

Green Shop Yamaji（株）山地緑化センター　山地加奈子／香川県高松市

有限会社　グリーンハウスベル　鐘ヶ江奉一／福岡県行橋市

株式会社平田ナーセリー　平田恭章／福岡県久留米市

アトリエ華もみじ　小森妙華／福岡県大野城市

Garden+one（ガーデニング World Cup　金賞受賞）　安達寿枝子／福岡県大牟田市

◎ギャザリングに関する最新情報や全国の認定ギャザリスト一覧などが見られるポータルサイト
あおき式ギャザリングポータルサイト
http://www.87gathering.com/

植物 *Index*

おわりに

私が園芸に興味を持ったのは、まだ会社勤めをしていた1989年頃、ちょうど昭和から平成に変わるころでした。3鉢1,000円のサフィニアの苗をひとつの植木鉢に1ポットずつ植えて手をかけてやるととてもきれいな花が長い間咲きました。

コンテナ園芸に力を入れ始めるのは、それからずっとあとになります。目を悪くして転職した設備の仕事から縁あって造園の現場に関わるようになりました。自宅は敷地が100坪ありますが、家屋が20坪で残りの80坪は全部手作りで高低差をつけた庭になりました。今は工房として一年中レッスンができるようにしています。私の庭づくりは、施主さんに積極的に関わってもらう、というものです。花や苗木を選んでもらうところから植えるまで家族でやってもらいました。庭が家族のよい思い出になる。そうやってできた庭と家、自然物と人工物を繋いで馴染ませ、柔らかさや華やかさを加える要素としてコンテナがありました。玄関やテラス、通路に沿ってコンテナを立体的に配置し、あるいは壁面にウォールバスケットを配することで良い雰囲気をつくることができます。

なかでも私は、ウォールバスケットに最も力を入れていきました。一時はコンテストにも積極的に出品しました。何度も入賞しましたが、賞をいただくということよりもいろいろな作品を見て勉強することが目的でした。そのコンテストも、「きれいさ」を競うものではなく「成長ぶり」を競っていることに失望しやがて参加するのをやめました。

ウォールバスケットはこの20年で5,000個はつくってきたと思います。つくり始めた頃は今のような便利な器材もなくアイアンのワイヤーバスケットにミズゴケを張って、土を入れ、自分の育てた小さな花苗を植えたものでした。失敗の連続でどうしたらしおれずきれいに育ってくれるかが問題でした。プラスチック製の器材が普及するようになる前のことです。ウォールバスケットの上達はひたすら作り続けることです。難しいのは器に対して「根鉢」を収めるスペースが小さいということでした。「根鉢」をほどいて小さくする必要があり、それは植物にとってのダメージにつながります。失敗もたくさんありましたが実際にやってみるとまったく問題のないケースもたくさんあったのです。とくによい管理をされている生産者の強い苗は少しばかり根を切ってもなんともありません。思い描くギャザリングの理想のかたちはとても難しいことですが、不可能ではないと信じて植物の力を感じながら夢中になって繰り返し作品をつくりました。やがてギャザリングの手法で、まんまるにつくる花いっぱいのウォールバスケットはあおき式の代名詞のようになりました。これが2000年の頃です。

フラワーポットに植えるコンテナ・ギャザリングには最初のうちあまり興味がありませんでしたが、それは上からいつも見下ろすような角度で見ていたからだと気づきました。ギャザリングの技術を用いたアレンジを、台を使って高い位置に上げ、立体的に見せることでとても魅力的なアートになりました。大型のポットを使えば水やりも楽になり、その回数も減らせます。ローメンテナンスであることは新たな園芸人口を増やすのにとても重要だと思います。その後も研究は続けていきました。ルーティブーケや多肉植物のギャザリングなど基本の応用、展開は花が活躍する場をどんどん広げていきました。

私はその間も生産者と数多く知り合い、強くてきれいな苗を提供してもらえるようになりました。培養土もこの手法にいちばん適切なものを見つけました。器や資材も気に入ったものをつくったり提供してくれたりする人たちが出てきました。なにより、今、全国に数多くの弟子たちが育ってくれています。私は授業料を払って技術を学ぼうとする生徒やお客様ではなく、私の考えていること、思いを引き継ぎ、さらに発展させてくれる人たちを求めました。そのために入門制をとって師弟関係をベースにした毎月１回、１年間のレッスンを全国各地でおこなっています。入門者にはかならず、日本の園芸界の発展に貢献するという一筆を書いてサインをしてもらっています。

私は、花を楽しむ人たちだけがよい思いをするのではなく、生産者がきちんとした報酬と利益が得られるようになって欲しいと願っています。残念ながら、今、それがなかなかうまくいっているとは思えません。大きな危機感を抱いています。いろいろな解決策が考えられると思いますが、私はまず、たくさんの花苗を使ってもらいたいと願っています。よい苗には10円でも高く値段をつけて買いたい。私は自宅の庭でもたくさんの花苗を使ってきれいなガーデンを維持しています。花で生きている以上、花にお金を使って生産者や市場へ還元したいのです。ギャザリングの５つの技術タイプのなかでウォールバスケットに一番力を入れているのは、このタイプが一番花苗をたくさん必要とするからです。私は最高256株の花苗と葉ものを使ったことがありますが、普通の器でも50株くらいは使って欲しいと思っています。ギャザリングの技術によって、愛好家のみなさんは、「あとで綺麗になる」ことをイメージしてゆっくりと楽しむのではなく、つくったときから楽しむことができるようになります。プロの園芸家やアーティストは、商品づくりやイベントなどにどんどん積極的に関わっていけるようになります。ここ５年ほどは、プロの花屋さんや園芸家を中心に指導してきました。みんなやっと「きれい」が売れるようになったと喜んでくれています。つまりいままでは「商品」の値段が苗と器の代金と等価でしかなかったということ。「きれい」が売れるというのは、自分がデザインした技術料、デザイン料を加えた価格でお客様に提案できるようになったということなのです。また、レンタルサービスや展示などを通じていままでできなかった高付加価値、高価格帯の商品やサービスが開発されてきています。生産者はこのような動きに合わせて、新たな品種の導入やギャザリングに合った仕立て、規格といったものを提案できるようになります。私たちにとって、強くてよい花苗は、画家にとって絵の具にあたるもので、これがなければ、私たちはきれいなものをつくることはできません。花はこれからも私の生活を支えてくれるパートナーです。「きれいに魅せる」、これは簡単な言葉に思えるかもしれませんが、きれいなお花がないと絶対にできない。「後できれいになる」と簡単に言わないような弟子をこれからも育てていきたいと思っています。ギャザリングは素材にしろ、構造となる器にしろ、まだまだ進化の過程にあります。多くの弟子たちが育つなか、とりあえず、現時点でまとめて発表することにしました。この本がみんなのしあわせにつながる小さなきっかけになることを心から願っています。

青木英郎

監修者

青木英郎

「カーデニング工房あおき」主宰。ガーデンデザイナー、ギャザリングアーティスト、あおき式園芸講師、園芸業経営アドバイザー。1951年7月24日生まれ。獅子座。血液型B型。陸上自衛隊勤務ののち、6年に及ぶ苛烈な海外任務を経て帰国後会社員となる。3鉢のサフィニアから園芸にのめり込む。花壇、ウォールバスケットの各種コンテストで数多くの受賞歴あり。設備、造園の仕事を経て自宅に工房を構えガーデニングの指導を始める。この5年ほどはプロ向けの指導を重視し全国に出向いて教えてきた。新幹線利用回数年間150回以上。園芸店、ホームセンター等のコンサルタント業務もおこなっている。園芸指導者こそたくさんの花苗を自宅でも使う人であるべきだという持論のもと、花と植物と共に生きてきた。長い時間と試行錯誤を経て体系化した独自の園芸手法である「ギャザリング」を、今も日々進化させている。

〒486-0947　愛知県春日井市知多町1-80
gogo@rainbow.plala.or.jp

作品制作／撮影協力者（50音順・敬称略）

青木美香子
秋田茂良
安達寿恵子
新家佑香
安間秀仁
石川じゅんこ
井田義彰
伊藤博幸
稲毛隆行
今村初恵
井村寿美代
岩城句未子
岩佐愛
大場育
大淵郁子
小笠原美代子
小川賢治
奥康子
奥村ひとみ
越阪部裕司
尾関純子
鹿島智恵
嘉野左代子
川江正美
川西晴香
粂田知子
栗田哲人
古池紀美子
児玉広紀
後藤隆之
後藤直美
小林左知子
小森妙華
阪上登貴
阪上萌
佐藤翔平
さとうゆう子
柴田しず江
柴田育美
鈴木千絵
関根久恵
関根由美
高橋ひとみ
瀧口利佳
竹田誠
建部ゆき枝
田中正之
ガーデニング工房たんぽぽ
寺田直美
寺田祐子
富久田三千代
中島直美
中島大智
中西元春
中村奈々子
町田ナオヒサ
難波良憲
野田とも子
早川とし子
坂内文子
廣野有香
福田佳子
藤田善敬
藤巻悦子
本間史朗
舟田一与
松真紀
松村宏美
宮崎恵里子
水谷純子
水谷明日海
みずのともこ
三宅達也
三輪さと子
村上太一
山地加奈子
山本ちづる
吉田完深
吉本真澄

ギャザリング関西教室のみなさん
ギャザリング関東教室のみなさん

株式会社フジック

撮影協力
お庭とお花　はなんぼ
株式会社埼玉園芸市場卸部
株式会社平田ナーセリー
鴻巣花き株式会社
すみれの栄花園
フラワーショップ　ル・プランタン
フラワーショップ　好樹
フラワーショップいなとめ
ローザンベリー多和田
高橋植物園
藤田植物園（童仙房ナーセリー＆ガーデン）
北海道植物株式会社
株式会社ミヨシグループ
（有）小泉フラワー

撮影　佐々木智幸、徳田悟（P.9、42、81、95、96、120）

装丁・デザイン　林慎一郎（及川真咲デザイン事務所）

編集　松山 誠

寄《よ》せ植《う》えギャザリングテクニックBOOK《ブック》

新《あたら》しいプランツアレンジメント

NDC793

2015年9月17日 発　行
2022年1月 5日 第4刷

監　修　青《あお》木《き》英《ひで》郎《お》

発行者　小川雄一

発行所　株式会社　誠文堂新光社
〒113-0033　東京都文京区本郷3-3-11
電話 03-5800-5780
https://www.seibundo-shinkosha.net/

印刷・製本　図書印刷株式会社

ISBN978-4-416-71562-8